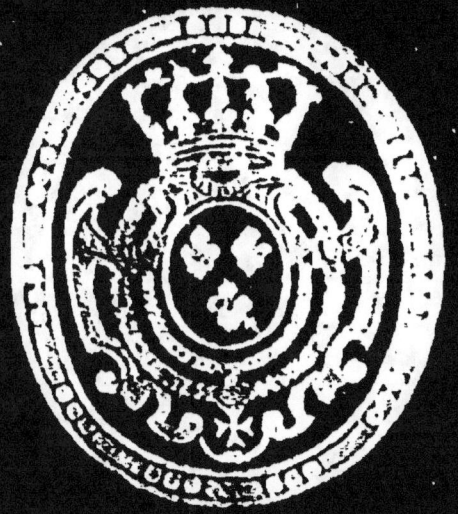

V. b.
445

CATALOGUE
DES
ESTAMPES
GRAVÉES
D'APRÈS
RUBENS.

Auquel on a joint l'Oeuvre de JORDAENS, & celle de VISSCHER.

Avec un secret pour blanchir les Estampes & en ôter les taches d'huile.

PAR R. HECQUET, Graveur.

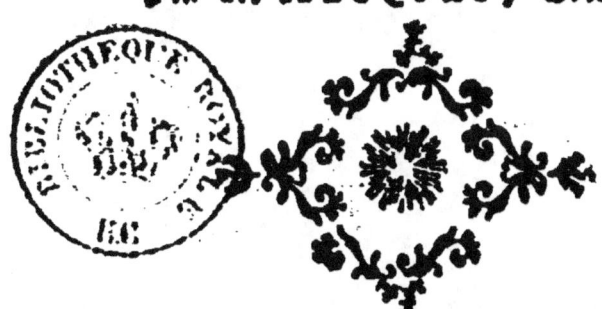

A PARIS,

Chez ⎰ BRIASSON, Libraire, rue S. Jacques, à la Science.
⎱ CHARLES-ANTOINE JOMBERT, Libraire du Roi pour l'Artillerie & le Génie, rue Daupine, à l'Image N. D.

M. DCC. LI.

Avec Approbation & Privilège du Roi.

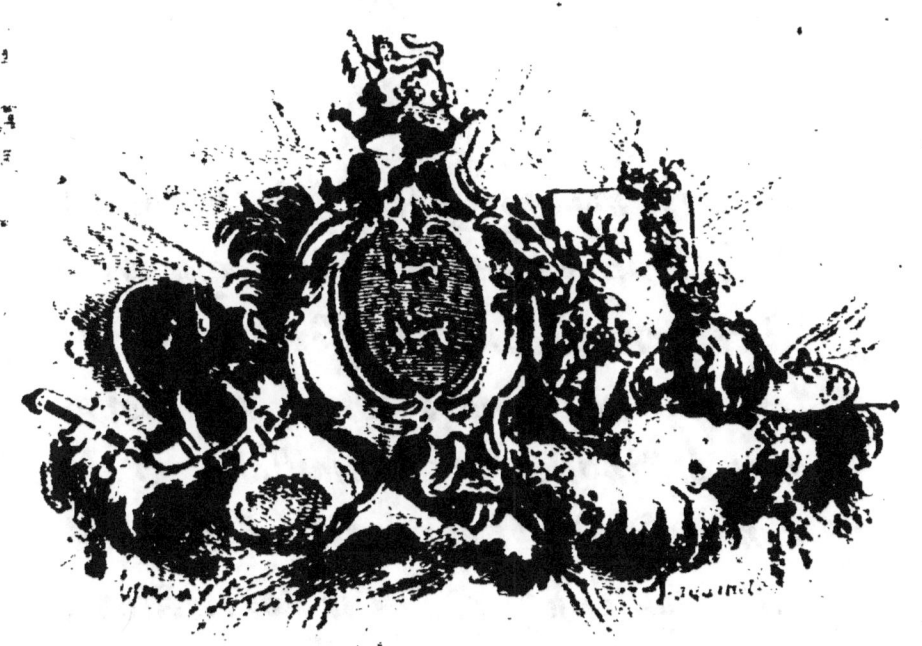

A MESSIRE
MARC-RENÉ DE VOYER,
MARQUIS D'ARGENSON,

Maréchal des Camps & Armées du Roi,
Lieutenant Général de la Province d'Al-
sace, Gouverneur de Romorentin.

ONSIEUR,

L'Amour des Arts a été de tous
tems le partage de l'Elévation. Cette

A

utile & noble paſſion, qui eſt autant
l'effet d'un ſentiment délicat, que d'un
diſcernement exercé, ſemble être ré-
ſervée aux grandes ames, aux hommes diſtingués par la naiſſance & le
rang. Delà, l'émulation des Artiſtes, ſoutenus par leur protection,
encouragés par leurs bienfaits.

Vous êtes, Monſieur, un de ces
Amateurs éclairés, dont le goût ſeul
contribue tant au progrès des Arts.
Vous les faites déja refleurir dans un
Ancien Etabliſſement que vos regards
bienfaiſans ont ranimé ; & comme ils
vous doivent tous leurs hommages,
j'ai crû que, n'en excluant aucun, le
tribut du mien pourroit vous être
agréable. Ce n'eſt qu'un Catalogue
d'Eſtampes, mais les noms de Rubens,
Jordaens & Viſſcher, toujours in-

téreffans pour vous, lui donnent au moins quelque prix, & l'eftime que vous faites des Originaux, eft à coup fur un bon paffeport pour la notice des Copies.

Je fuis avec un très-profond refpect,

MONSIEUR,

Votre très - humble & très-obéiffant ferviteur, R. HECQUET.

AVERTISSEMENT.

LE Catalogue que je préfente au Public, n'avoit d'abord été fait que
pour mon ufage particulier. En le donnant à l'impreffion, je céde aux inftan-
ces qui m'ont été faites de le publier.

J'y donne une notice des plus belles
Epreuves des Eftampes gravées d'après
Rubens, & j'entreprends de montrer à les
difcerner. Les foins que je me fuis donnés
depuis longtems pour rechercher ces
Epreuves, & l'attention que j'ai apportée
pour m'affurer de leur fupériorité, m'ont
mis en état de fçavoir diftinguer celles
qui font dignes du choix des vrais Connoiffeurs, de celles qu'ils doivent négli-
ger. Je fouhaite que les lumieres que j'ai
pû acquérir en ce genre, foient affez
fûres, pour fervir de guide aux autres.
Rien n'eft plus aifé, même avec un cer-
tain difcernement, que de fe tromper
fur cette matiere. Une planche peut être
dans fon plus beau, fans que les Epreuves en foient belles ; ce qui n'ar-
ive que trop par la négligence ou

le peu d'attention de l'Imprimeur. De la part de celui-ci , les belles Epreuves dépendent d'avoir bien aprêté son noir , & d'avoir essuyé la planche exactement , sans cependant l'essuyer ni trop , ni trop peu. Pour qualifier une Epreuve de *belle*, il faut que l'Estampe soit brillante , que les traits de la gravure soient bien nets , & qu'on voye les blancs du papier dans les plus grands noirs. On dit au contraire , qu'une Estampe est *boueuse*, quand on ne voit point les blancs du papier. Voilà ce qui fait juger ordinairement de la beauté d'une Estampe. Une planche bien retouchée peut avoir toutes ces qualités , mais ces marques , ne suffisent pas pour s'assurer de la supériorité d'une Estampe ; il y a une voye plus certaine, pour parvenir à cette connoissance. Je n'en sçai point d'autre, que de sçavoir discerner les marques distinctives du tems auquel chaque Estampe a été ou a dû être imprimée dans son plus beau. Cela demande une étude particuliere , il est vrai ; mais, sans cette étude , il est presque impossible qu'on ne donne dans l'erreur. Il n'y a que la confrontation & le grand usage qui puissent faire discerner les qualités qui constituent une belle Epreuve. ι. Voici donc la voye que je conseille-

rois de tenir, non-seulement aux Amateurs, mais même aux Maîtres de l'Art.
Ce seroit, avant que d'acheter des Estampes de quelque Maitre que ce soit,
d'en voir les Oeuvres les plus complettes,
& les mieux choisies. De cette étude, il
naît infailliblement un gout sûr, un jugement épuré, une connoissance certaine
des différentes manieres de chaque Maître. On n'ignore pas qu'il y a des Estampes qui ont été beaucoup plus *coloriées* les
unes que les autres, quoique d'un même
Maître. Souvent cette différence dépend
de la façon dont les Graveurs ont com-
mencé ces Estampes, ou du moment auquel le Peintre a retouché les épreuves,
ou des sujets mêmes qui sont gravés. Souvent aussi les Graveurs font des planches,
sans la participation des Peintres, ou
lorsque la mort a mis ceux-ci hors d'état
de revoir les planches : dans l'un & l'autre cas, les Graveurs suivent leur génie,
qui les porte à colorier plus ou moins
leurs planches. De cette variété naît un
grand embarras, lorsqu'on ne veut faire
qu'un bon choix, surtout à l'égard de
ceux qui n'ont ni le tems, ni la commo-
dité de voir des Oeuvres complettes, &
de faire la confrontation dont on a parlé.

Pour aider ceux que j'ai en vûe, à

fortir de cet embarras, il doit fuffire de leur faire connoître les noms des Marchands qui ont fait graver des planches d'après les Tableaux ou les Deffeins de Rubens, & de leur indiquer enfuite les noms de ceux qui en font devenus poffeffeurs après ces premiers. Il eft effentiel de connoître cette fucceffion, auffi-bien que le nom des Graveurs qui en ont fait pour leur compte.

Je commence par *Martin Vanden Enden* qui eft le premier qui a fait graver des planches d'après *Rubens* : les Eftampes qui font fous fon nom, doivent être regardées comme les premieres Epreuves. Une grande partie de ces planches fut achetée par *Gilles Hendricx* qui en a auffi fait graver plufieurs; & c'eft le fecond poffeffeur. Le troifiéme eft *Gafpar-Huberti* qui a acheté une grande partie des planches de *Gilles-Hendricx.*

Je place après ces trois, *Corneille-Van-Merlen,* & *Antoine-Bon-Enfant.* C'étoient deux Marchands; mais les Eftampes qui fe vendent fous leur adreffe, font toutes mauvaifes épreuves, ou retouchées.

Il y a eu encore *Pierre-Soutman* qui étoit Graveur. Son fond étoit compofé en plus grande partie de fes Ouvrages, & de ceux de *Jean-Suyderhoef,* de *Jean-*

Louis, & de *Pierre-Van-Sompel*. Les
planches de ces quatre Graveurs n'ont
point souffert de mutation : mais les belles Epreuves en sont très-difficiles à trouver, leurs planches ayant tiré très-peu,
parce qu'elles étoient d'une gravure très-
fine que nous appellons *maigre* ou *égratignée*, & qui ne soutient pas longtems les
fatigues de l'impression. Les chairs ne
sont gravées qu'avec des points, & ils en
ont beaucoup mis dans les draperies.
Jean-Suyderhoef a gravé un peu plus ferme, & ses planches ont tiré un plus grand
nombre de bonnes Epreuves ; aussi sont
elles moins rares que celles des autres ci-
dessus nommés.

Je m'explique sur ce que je viens de
dire, que cette gravure, qu'on appelle
maigre & égratignée, ne soutient pas
longtems les fatigues de l'impression.
J'entends par-là la main & les chiffons ;
car ce qui use les planches, c'est à force
de les essuyer ; & voici comment cela ar-
rive. Les Imprimeurs couvrent toute la
lanche d'un noir assez ferme avec un
ampon : ils se servent ensuite de chiffons,
ant pour faire entrer le noir dans les tail-
es, que pour tirer une partie de ce
ui est sur la planche, & ils employent en-
uite la main, afin de n'en laisser que

dans la gravure. Or quand ils ont la peau des mains rude, & qu'ils n'employent pas de linge fin, les planches s'usent plus vîte.

Je reviens aux Estampes gravées d'après les Ouvrages de *Rubens.* Il a été fait un grand nombre de copies de ces Estampes. Les détailler toutes, ce seroit grossir inutilement ce Catalogue. Mais afin qu'on puisse faire un choix convenable, & que ceux qui voudront s'y appliquer ne se trompent point, j'indique les sujets en François. Quand les titres sont courts, je les donne tels qu'ils sont, sans y rien changer n'y abréger. Quand ces titres sont trop longs, je me contente de donner les trois premiers mots de chacun, & les trois derniers. * J'ai observé la même regle où il y a des Dédicaces. Lorsqu'il se trouve en même tems des Titres & des Dédicaces, j'ai conservé seulement les trois premiers mots de l'un, & les trois derniers de l'autre, selon le

---

* N⁴. on trouvera peut-être extraordinaire, que je n'aye point décrit les titres en entier, ou au moins jusqu'à ce qu'ils forment un sens que l'on entende. Le premier parti auroit trop grossi le Catalogue, & je crois que la regle que j'ai suivie est plus sûre, pour n'être point trompé par les fautes qui ont pû se glisser dans les copies.

rang qu'ils ont, c'est-à-dire, soit que le Titre suive la Dédicace, ou que celle-ci suive le Titre. Je donne ensuite le nom du Graveur, & j'indique le privilege. Quelques exemples feront mieux entendre ce que je viens de dire. Je lis sur une Estampe, *cum Privilegio Regis Christianissimi, Principum Belgarum & Ordinum Bataviæ* : j'abrege, & j'écris seulement, *C. P. R. C. P. B. & O. B.* Je lis dans un autre, *Cum Privilegio Regis Christianissimi, Serenissimæ Infantis, & Ordinum Confederatorum* : suivant la même méthode, je mets, *C. P. R. C. S. I. & O. C.* En d'autres Estampes, on lit seulement, *Excudit Antuerpiæ, cum Privilegio* : j'abrége & j'écris, *Ex. Ant. C. P.* Je donne après cela la hauteur & la largeur de chaque Estampe, mais toujours en abrégé, afin de ne point trop grossir le Catalogue. Par exemple, la Chute des Anges, qui est le premier sujet indiqué, a 22 pouces 3 lignes de haut, sur 15 p. 7 lignes de large : je mets, 22 p. 3 l. de h. sur 15. p. 7. l. de l.

Quand plusieurs Graveurs ont gravé le même sujet, sans que l'un ait été copiste de l'autre, je donne toujours le premier rang à l'Estampe que je crois la plus re-

commandable ; & comme il y a des curieux qui ne veulent avoir que le beau
d'une Oeuvre & non l'œuvre en entier, pour leur faciliter le choix qu'ils
désirent de faire, j'indique les Estampes qui ont le plus de réputation, en
les désignant par de simples lettres initiales. Exemple: *Belle*, B. *Belle & Rare*, B. R.
Je distingue encore entre *Rare* & très-*Rare*; car il y a des Estampes qu'on a beaucoup de peine à trouver dans plusieurs
Oeuvres, pendant que d'autres, quoique
rares aussi, se rencontrent cependant dans
toutes les Oeuvres qui ont été recueillies
avec soin. On reconnoîtra donc quand un
Estampe sera belle & très - rare par ces
mots, ou plûtôt par ces lettres initiales,
B. T. R. & celles qui sont rares, sans
être parfaitement belles, par cette simple
lettre, R. Pour marquer celles qui sont
très-rares seulement, je mettrai T. R. &
je ne ferai aucune distinction entre le
médiocre & le mauvais.

J'ai trouvé dans les recherches que j'ai
faites, un nombre d'Estampes sans le nom
de *Rubens*, & souvent sans nom de
Graveur, dont quelques-unes m'ont paru douteuses : mais comme j'ai trouvé ces
Estampes dans plusieurs Oeuvres des
mieux choisies, comme celles du Roi

& de Mr *Mariette*, j'ai cru ne devoir
point les fuprimer, laiffant aux connoiffeurs la liberté d'en décider felon qu'ils
jugeront à propos. (*)

J'ai été fouvent obligé de faire une def-
cription de ces Eftampes *douteufes*, pour
mieux en faire reconnoître les fujets ;
& je les défigne toutes par un grand *D*,
à la fuite des lettres initiales de *rare*, ou
très-rare,

(*) M. le Bas a une planche de Jupiter &
Mercure, que Philemon & Baucis reçoivent
dans leur Cabane. Elle eft gravée par *Joseph-*
Vanloo, & on a mis par erreur, *Rubens pinxit*,
C'eft une compofition de *Jean-Van-Hoeck*, gravée par *Corn. Galle* qui étoit du tems de *Ru-*
bens, & qui a beaucoup gravé d'après lui. Il
n'eft point naturel de croire que *Corn. Galle*
fe foit trompé dans le nom du Peintre, d'après
lequel il a gravé.

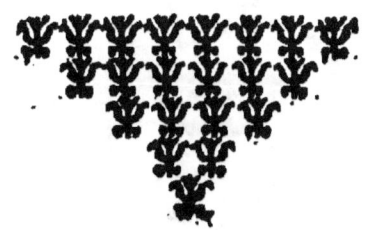

SUJETS

DE

L'ANCIEN

TESTAMENT.

CHUTE des Anges, avec cette Dédicace, *Philippo IV. Hispaniarum Regi Catholico, Indiarum Monarchæ Humill.* Lucas Vosterman, *Sculp.* D. D. *Cum Privilegiis Regis Christianissimi, Belgarum & ord. Batavia,* C. P. R. C. B. & O. B. Aº. 1621. vingt-deux pouces trois lignes de haut, sur quinze pouces sept lignes de large, 22 p. 3 l. de h. sur 15 p. 7 l. de l. Belle, très-Rare. B. T. R.

2. Chûte des Anges T. *St Michael,* Jac. Neef *Sculp.* G. Hendricx Ex. 14 p. 10 l. de h. sur 12 p. 9 l. de l'Oeuvre du Roi, 14 p. 10 l. de h. sur 12 p. 9 l. de l. R.

A

3. Loth avec ses filles, sans titre. W. P. Leeuw *fecit*, Danker Danckertz Ex. Cette Estampe est gravée à l'eau forte, d'une gravure très-fine, & a peu tiré : c'est la plus difficile à trouver belle Epreuve de ce Maître, 14 p. 4 l. de l. sur 9 p. 11 l. de h. *T. R.*

4. Loth qui sort de Sodome, Déd. *Eruditione & probitate... Gener. Observantia ergo.* D. D. Luc Vosterman *Sculp.* & Ex A°. 1720. *C. P. R. C. P. B. & O. B.* 14. p. de l. sur 11 p. 8 l. de h. *B. T. R.*

5. Loth avec ses filles. Il y a quatre vers: *Quid retiti pariant.... Sculpta tabella resert.* W. Swanerburg *Sculp.* A°. 1612. Il faut avoir cette Estampe avant l'adresse de Cle. de Jonghe pour l'avoir belle Epreuve. 13 p. 10 l. de l. sur 10 p. 9 l. de h. *B. R.*

6. Job éprouvé par sa femme & par les Diables. *T. Homo natus de muliere... Eodem statu permanet* Job 14. Luc. Vosterman Ex. *C. P.* 13 p. 7 l. de h. sur 9 p. 6 l. de l.

7. Job tenté par ses amis, & maltraité par les Diables. Il est écrit au haut de l'Estampe, *In nidulo meo moriar & ut palma multiplicabo dies.* Job 2. au bas de l'Estampe il y a quatre lignes d'écri-

ture fans nom de Peintre & de Graveur. 7 p. de l. fur 6 p. de h. T. R. Oeuvre de M. Mariette.

8. Le Sacrifice de Melchifedech , T. *Abrahæ à Regum . . . decimas omnium divifit.* Jacq. Neef, *Sculp.* 32 p. de l. fur 23 p. 6 l. de h.

9. Sacrifice de Melchifedech. T. *Melchifedech Rex Salem . . . Cœlum & Terram.* H. Witdouc *Sculp.* A°. 1638. *C. P. R. C. P. B. & O. B.* 16 p. 7 l. de l. fur 14 p. 3 l. de h.

10. Sacrifice d'Abraham. Titre & Dédicace : *Cur quantum o Abrahame . . . Atque confecrabat.* And. Stock *Sculp.* H. *Hondius Ex.* 14 p. 8 l. de h. fur 11 p. 10 l. de l.

11. Sacrifice d'Abraham. T. *Fideliffimum Abrahæ Sacrificium*, fans nom de Peintre & de Graveur. C. Galle ex. 10 p. 8 l. de h. fur 7 p. 10 l. de l.

12. Rencontre de Jacob & d'Efaü. T. *Ecce quam bonum, & quam jucundum, &c.* Il y a encore huit Vers, & une Déd. *En Germanus amor . . . . Confecratque Antuerpia,* 24 Febr. 1652. P. de Bailliu, *Sculp.* Romboudt Vande Velde ex. Celles fous l'adreffe de Gafpard de Holander, font après. 17 p. de h. fur 15 p. 3 l. de l.

4

13. Une Entrée où l'on porte l'Arche & le Chandelier à sept branches, Bas Relief sans nom de Graveur. 7 p. de l. sur 3 p. de h.

14. Le Serpent d'Airain, avec Titre & Dédicace, *fecit ergo Moyses.....D. C. Q. Ægidius Henrici*, S. A Bolswert, *Sculp. Antnerpiæ.* Celles où est l'adresse de G. Hendricx, sont postérieures : celles sous l'adresse de Corn. Van Merlen, sont retouchées. 22 p. 3 l. de l. sur 16. p. 10 l. de h.

15. Samson qui tue un Lion, sans titre : *Quellinu fecit Aqua forti.* Romboudt Vande-Velde Ex. 5 p. de l. sur 4 p. 1. l. de h.

16. Samson qui tue un Lion, sans titre. Fr. Vanden Wingaerde *fecit & ex.* 4 p. 6 l. de h. sur 4 p. 2 l. de l.

17. Dalila qui coupe les cheveux à Samson. Il y a quatre vers & une Déd. *Qui genus humanum. . . . Admiratione Spectatur Matham,* L. *M. D. D.* Jac. Matham *Sculp. & Ex. C. P. Sa. Cæs. M.* 15 p. 10 l. de l. sur 13 p. 2 l. de h.

18. David qui coupe la tête de Goliath, sant titre. G. Panneells *Sculp.* F. V. W. Ex. 6 p. 4 l. de l. sur 5 p. 2 l. de h.

19. Abigail qui vient fléchir la colere de

A

David. *T. Et ait David... in occur-*
sum meum. Adr. Lommelin *Sculp.*
Cette Eſtampe eſt ſous trois adreſſes :
celles ſous Gille Hendricx, ſont les
premieres ; celles de Gaſp Huberti,
les ſecondes, & celles de Cor. Van
Merlen ſont retouchées. 24 p. 10 l.
de l. ſur 15 p. 6 l. de h.

20. Jugement de Salomon. Déd. *Nobl-*
liſſimis Ampliſſimiſque.. Themidis D. D.
Boëtius Bôlſwert, B. à Bolſwert &
Ex. *Cum Privilegiis Regis Chriſtianiſſmi,*
Sereniſſimæ Infantis, & Ordinum Confe-
deratorum, C. P. R. C. S. I. & O. C.
18 p. 7 l. de h. ſur 15 p. 7 l. de l.
B. R.

21. Sennacherib. *T. Venit Angelus Domi-*
ni... manſit in Ninive, 4. *Reg* 19.
Soutman *Effigiavit & Ex. C. P.* 16 p.
10 l. de l. ſur 13 p. 1 l. de h. *B. R.*

22. Elie dans le Déſert. *T. Hic paſcitur*
ab... totus veneratur orbis, Cœur Laſ-
vers *Sculp. & Excudit Antuerpia cum*
Privilegio, Ex ant. C. P. 23 p. 5 l.
de h. ſur 18 p. 8 l. de l. Cette même
Eſtampe eſt encore gravée par Guil.
Panneels, Fran. Wyngaerde Ex. 5 p.
5 l. de h ſur 4 p. 2 l. de l.

23. Judith qui coupe la tête d'Holopher-
ne. Il y a ſix vers Latins, & une Déd.

Cedite Romani Ductores. . . . Memor dat, dicat. Corn. Galle, *Sculp.* & *Ex.* celles où est l'adresse de Carolus Collaer sont retouchées. 19 p. 2 l. de h. sur 13 p. 11 l. de l. B. T. R.

24. Judith. *T. Aspice quid potuit. . . en Holosernis habet.* C. Galle *Ex.* 10 p. 11 h. de l. sur 8 p. 4 l. de l. B.

25. Esther devant Assuerus. Il y a quatre vers, & une Déd. *Estheris obtinuit populo... Rumoldus Vande Velde.*. . Richardus Colins *Sculp.* Rombondt Vande Velde *Ex.* Celles sous l'adresse de F: Vanden Wyngaerde *Ex.* sont retouchées. 20 p. 10 l. de l. sur 16 p. 3. h. Cette même Esther est encore gravée par G. Panneels. François V. Wyngaerde *Ex.* 8. p. 9. l. de l. sur 5 p. de h.

26. Daniel dans la Fosse aux Lions, sans titre. W. P. Leeuw *fecit.* 21 p. 6 l. de l. sur 14 p. 11 l. de h. B. T. R.

27. Cette même Estampe a été gravée à l'eau forte, sans titre & sans nom de Graveur, 12 p. 7 l. de l. sur 9 p. 2 l. de h. Oeuvre du Roi. T. R.

28. Elle a été encore gravée au burin en hauteur, & on y a suprimé des Lions, sans nom de Graveur : A. Blooteling, *Ex. C. P.* 12 p. 1 l. de h. sur 9 p. 1 l. de l.

29. La Chaſte Suſanne. Déd. *Lectiſſimæ Virgini Annæ... Petrus Paulus Rubenus.* L. M. D. D. Luc Voſterman, *Sculp. & Ex. cum Privilegio Regis Chriſtianiſſimi, Principum Belgarum & Ordinum Batavia. C. P. R. C. P. B. & O. B.* 13 p. 8 l. de h. ſur 10 p. 3 l. de l. B. T. R.

o. La Chaſte Suſanne. *T. Turpe Senilis amor.* P. Pontius, *Sculp. Cum Privilegio Regis Chriſtianiſſimi, Sereniſſimæ Infantis & ordinum Confederatorum. Anno* 1629. *C. P. R. C. S. I. & O. C.* A°. 1624. 12 p. 9 l. de h. ſur 10 p. 3 l. de l. B. S.

31. La Chaſte Suſanne, gravée en tailles de bois, par Chr. Jeghers : elle eſt fort rare, quand elle eſt imprimée en clair obſcur. Chr. Jeghers *Sculp. Ex. C. P.* 22 pouces 5 lignes de largeur, ſur 16 pouces 5 lignes de hauteur.

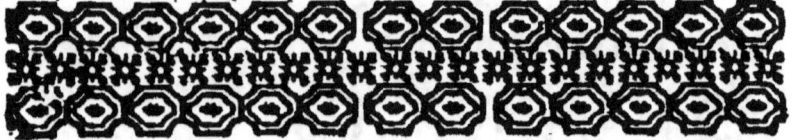

SUJETS

DU

NOUVEAU

TESTAMENT.

1. MAriage de la Vierge. *T. Virgo
desponsata viro... nomen Virginis Maria Luc.* 1. S. a Bolsvvert, *Sculp.*
G. Hendrick *Ex. Ant. C. P.* 16 p.
61 de h. sur 12 p. 7 l. de 1 B.

2. Cette même Estampe est gravée par
Cœur Lauwers, avec le même titre,
& dans la même grandeur.

3. Annonciation Déd. *Per illustri sodalitati Parthenia....* Vanden Enden, *officii
causâ D. C. Q. S.* à Bolsvvert *Sculp.*
M. Vanden Enden *Ex. Ant. C. P. R.*
Celles sous l'adresse de G. Hendrick
sont postérieures. 16 p. 2 l. de h. sur
12 p. 3 l. de l. B.

4 Annonciation. Il y a quatre vers: *Anxia ne timeas... Virgo, parensque fiam.*

TESTAMENT.

fans nom de Peintre. F. de Steen S. M.
Sculp. 13 p. 1 l. de h. fur 12 p. 8 l. de
l. T. R. Oeuvre du Roi, D. douteufe.

5. Vifitation. *T. Elifabeth ait & . . . ix
Deo falutari meo , &c.* P. de Jode junior Sculp. C. P. R. C. S. I. & O. C.
23 p. de h. fur 16 p. 2 l. de l. B. R.

6. Nativité. Déd. *Nobiliffimo & Amplif-
fimo. . . P. Rubenus Dedicat Confecratque.* Luc Vorfterman *Sculp. & Ex.*
A°. 1620 , C. P. R. C. P. B. & O. B.
20 p. 11 l. de h. fur 16 p. 2 l. de l.
B. R.

7. Nativité. Ded. *Petro Venio Le°. . . . .
dedit , dedicavitque.* Luc Vofterman ,
Sculp. & Ex. A°. 1720, C. P. R. C.
P. B. & O. B. 16 p. 3 l. de l. fur 19 p.
2 l. de h. B. R.

8. Nativité. *T. Virgo quem genuit Adora-
vit.* S. à Bolfvvert , *Sculp.* M. Vanden Enden , *Ex. Ant.* C. P. R. Celles
fous l'adreffe de G. Hendrick , font depuis. 15 p. 7 l. de h. fur 11 p. 9 l. de l.
B.

9. Nativité , T. & Déd. *Chrifte Redem-
tor omnium. . . . Jefu Doctori Theolog.*
G. Panneels *fecit* F. V. W. *Ex.*
7 p. 3 l. de h. fur 5 p. 11 l. de l.

10. Nativité fans titre, où il y a fix Ca-
pucins , & St Jofeph derriere la Vierg

ge, fans nom de Peintre & de Graveur. 7 p. 5 l. de l. fur 5 p. 10 l. de h. R. Oeuv. du Roi.

21. Nativité. T. *Ecce Virgo concipiet & pariet filium*, Ifaïe 7. P. Pontius, *Sculp.* G. Hendrick *Ex. Ant.* Celles fous l'adreffe de Gafp. Huberti font poftérieures. 21 p. 8 l. de h. fur 19 p. de l.

22. Nativité. T. *Salvator nofter dilectiffime... de Nativitate Domini.* Jean Witdoeck, *Sculp. Ex. Ant.* Corn. Coeberh, *Ex. Ant. C. P. R.* Jean Deberti Bolfwert a retouché cette planche, y a mis fon nom, & a effacé le nom de Witdoeck. Cette planche a fouffert beaucoup de retouches depuis les premieres Epreuves. Witdoeck a couvert la gorge d'une femme qui verfe du lait, & a remis beaucoup de travaux dans les chairs & dans les draperies, ce qui rend l'Eftampe plus moëlleufe ; & dans les animaux, Bolswert a paffé des quatriémes fort larges. Celles avec l'adreffe de Corn. Van Merlen, font encore après. 2 p. 4 l. de l. fur 14 p. 1 l. de h. B.

23. Adoration des Rois. Il y a huit vers : *Ceu quondam paribus... Atque ordine folvunt.* Nic. Ryckmans, *Sculp.*

Ex. Ant. Celles fous l'adreſſe de Gaſpar Huberti ſont après , & celles fous l'adreſſe de Cor. Van Merlen, ſont retouchées. 20 p. 10 l. de h. ſur 16 p. de l.

4. Adoration des Rois. T. *Et procidentes adoraverunt Jeſum.* C. Galle, *Ex.* 14 p. 2 l. de h. ſur 10 p. de l. R. Cette planche a été copié pour le Miſſel.

5. Adoration de Rois. T. *Hoſtis Herodes impie. . . regna dat cœleſtia.* G. Panneels *fecit.* F. V. W. *Ex.* 7 p. 2 l. de h. ſur 5 p. 9 l. de l.

6. Adoration des Rois, ſans titre. Rem. Eynhouedts *fecit.* 11 p. 9 l. de h. ſur 9 p. 2 l. de l. T. R.

7. Adoration des Rois. T. *Intrantes domum invenerunt. . . thus & mirrham.* Nic. Louvvert , *Sculp.* C. P. R. C. P. B. & O. B, 21 p. 10 l. de h. ſur 16 p. 6 l. de l. B.

8. Adoration des Rois. T. *Et procidentes Adoraverunt eum,* Matt. 2. S. a. Bolſvvert , *Sculp.* M. Vanden Enden *Ex. Ant.* C. P. R. Celles fous l'adreſſe de G. Hendrick , ſont poſterieures; 15 p. 9 l. de h. ſur 11 p. 9 l. de l. B.

9. Adoration des Rois. T. *Et procidentes Adoraverunt eum ,* Matt. Cap. 2. *Saba dona adducent,* S. Sam. 22.

B

H. Witdouc, *Sculp.* A°. 1638. *C. P. R. C. P. B. & O. B.* 16 p. 7 l. de h. sur 11 p. 11 l. de l. B. R.

20. Adoration des Rois, T. & Déd. *Et Apertis thesauris... ordinis Pramonstratensis Antuerpia.* Adrien Lommelin, *Sculp. Ex. Ant.* 21 p. 8 l. de h. sur 17 p. 1 l. de l.

21. Adoration des Rois, T. & Déd. *Et apertis thesauris... Ægidius Hendricx Antuerpianus,* A°. 1663. Ad. Lommelin, *Sculp.* G. Hendricx, *Ex.* 18 p. 3 l. de l. sur 13 p. 9 l. de h.

22. Adoration des Rois. Déd. *Serenissimo Maximiliano utriusq... venerabundus Dedicabat consecrabatque...* Luc. Vorsterman, *Sculp. & Ex.* A°. 1621. *C. P. R. C. P. B. & O. B.* 21 p. de l. sur 16 de h. B. T. R.

23. Adoration des Rois. Déd. *Serenissimo & potentissimo... humiliter Dedicat consecratque,* Luc. Vorsterman, *Sculp.* B. R. Cette Estampe est copiée dans la même grandeur, avec la même Déd. & le même privilége, par Peter Nolpe, *C. P. R. C. P. B. & O. B.* 21 p. de h sur 16 de l.

24. Adoration des Rois, sans titre : *Si stampano è vendono alli Cesarini da mute giudice Sup. L. Anno* 1692. Cette
Estampe

Eſtampe eſt gravée en Italie. Gir. Frez-
za, *Sculp.* 18 p. 9 l. de h. ſur 14 p. de l.
T. R.

26. La Circoncifion. *T. Circumcifio Jesu Chriſti.* Adr. Lommelin, *Sculp.*
G. Hendricx. *Ex.* 15 p. 6 l. de h. ſur
12 p. 4 l. de l.

27. Fuite en Egypte. *T. Joſeph Confur-
gens accepit... feceſſit in Ægyptum,* Matt.
Chap. 2. Marinus, *Sculp. C. P. R. C.
S. I. & O. C.* 16 p. 10 l. de l. ſur 13
p. 1 l. de h. B. T. R.

28. Fuite en Egypte, ſans titre. Cor.
Galle. 8 p. 10 l. de h. ſur 5 p. de l.

29. Retour d'Egypte. *T. Et erat ſubditus
illis,* Luc. 2. S. à Bolſwert, *Sculp.*
M. Vanden-Enden *Ex. C. P.* 15 p.
7 l. de h. ſur 11 p 10 l. de l. B.

30. Retour d'Egypte. T. & Déd. *Dei
& matris Benivolentia cauſſa inſcripſit.*
Luc. Vorſterman , *Sculp. & Ex.* Aº.
1620. *C. P. R. C. P. R. & O. B.* 14 p.
10 l. de h. ſur 11 p. 4 l. de l. B.

31. Retour d'Egypte. *T. Obdormit Ecce
Jeſulus... compeſcito tabellula.* C. Galle
Ex. 15 p. 11 l. de h. ſur 11 p. 7 l.
de l.

32. Maſſacre des Innocents. Déd. *Perilluſtri & Reverendiſſimo .. fruſtra ex-
tinguere nititur.* P. Pontius, *Sculp. C. P.*

B

A° 1643. 33 p. 8 l. de l. sur 22 p. 3 l. de h. B. R. en deux feuilles.

33. La Présentation au Temple. T. *Nunc dimitte servum... salutare tuum.* P. Pontius, *Sculp.* A°. 1638. *C. P. R. C. P. B. & O. B.* Celles sous l'adresse de Gasp. Huberti, sont postérieures; & celles sous l'adresse de Cor. Van-Merlen, sont retouchées. 23 p. 7 l. de h. sur 18 p. 1 l. de l. B.

34. Le Baptême de J. C. T. *Hic est filius meus dilectus*, Matt. 17. Adrien Lommelin *Sculp.* G. Hendricx *Ex.* Ant. 15 p. 9 l. de h. sur 12 p. 6 l. de l.

35. La même composition est gravée par G. Panneels, sans titre. 6 p. 1 l. de h. sur 5 p. 2 l. de l. R.

36. Tentation de J. C. dans le Désert. Gravé en taille de bois. Chr. Jegher, *Sculp.* C. P. 15 p. 10 l. de l. sur 11 p. 5 l. de h.

37. Décolation de St Jean dans un ovale. T. *Spiculator decollavit Joannem in carcere.* P. de Jode *Sculp.* F. Vanden Wyngaerde *Ex.* 3 p. 9 l. de h. sur 2 p. 9 l. de l. R.

38. Le Bourreau qui donne la tête de St Jean à Herodiade. T. *Spiculator decollavit Joannem in carcere.* S. à Bolswert, *Sculp.* 9 p. 10 l. de h. sur 8 p. 2 l. de l. B.

39. La Fille d'Hérodiade présente la tête de St Jean à sa mere. T. *Misitque & decollavit... attulit matri suæ.* ~~T. à Boll-~~ *hubutu* ~~mort~~, Sculp. ~~G. Leemmeloex. Ex.~~ 22 p. de l. sur 14 p. 11 l. de h. B.

40. Herodiade tient la tête de St Jean dans un baffin. T. & Déd. *Et tu puer... furti ad manum.* G. Panneels *fecit aquâ forti.* F. V. W. *Ex.* 5 p. 6 l. de h. sur 4 p. 6 l. de l.

41. Rendez à Cézar. Il y a un titre, & seize vers. *Reddite quæ funt... min als niet :* fans nom de Graveur. Cor. Viffcher *Ex.* 19 p. de l. sur 14 p. 9 l. de h.

42. Rendez à Cézar. Déd. *Reverendo Domino Dño... Vofterman Sculptor Benivolenter.* D. D. C. P. R. C. P. B. & O. B. A°. 1621. C'eft la même compofition que celle ci-deffus, avec quelque changement. 13 p. 3 l. de l. sur 9 p. 7 l. de h. B. T. R.

43. La Pêche du poiffon pour payer le tribut. T. *Vade ad mare.. invenies ftaterem*, Matt. 17. fans nom de Graveur. C. P. R. C. P. B. & O. B. 15 p. 4 l. de l. sur 10 p. 2 l. de h. B R.

44. Cette même compofition a été gravée à l'eau forte, avec des changemens dans le fond. Comme je n'ai vû

cette Estampe que dans mon Oeuvre, & que la marge en est coupée, je ne peux point dire s'il y a un titre & le nom du Graveur. Il est écrit dans le bas de l'Estampe, *S. Saury.* 19 p. de l. sur 13 p. 6 l. de h. B. T. R.

45. Cette même Estampe a encore été gravée avec des changemens. Il y a sur le devant une figure qui pose un genouil en terre. Il y a quatre vers : *Flagitat à Domino ferre tributa mari.* N. Laeuwers. 12 p. 7 l. de l. sur 9 p. 8 l. de h. T. R.

46. La Pêche Miraculeuse. T. *Impletum lati ducunt... gurgite piscis adest.* P. Soutman *Ex. & fecit.* 12 p. de l. sur 8 p. 6 l. de h.

47. La Pêche Miraculeuse. T. *Ait ad Simonem Jesus : Noli timere, ex hoc jam homines eris capiens.* S. à Bolswert, *Sculp. & Ex.* 3. feuilles. C. P. R. C. P. B. & O. B. 31 p. de l. sur 19 p. 11 l. de h. B.

48. J. C. qui donne les clefs à St Pierre. T. *Tibi dabo claves... & in cœlis,* Matth. 16. P. de Jode, *Sculp. Erasm Quillinius Ex C. P.* Celles sous l'adresse de M. Vanden-Enden sont postérieures. 14 p. 11 l. de h. sur 11 p. 7 l. de l.

49. J. C. donne les clefs à St Pierre. T. *Dixit Jesus Simoni Petro, Pasce oves meas.*

Jefus dit à Simon Pierre, paiffez mes Brebis, en St Jean Chap. 21. F. Eifen. *del. & f.* 8 p. 2 l. de h. fur 6 p. 10 l. de l. B. R.

50. J. C. donne les clefs à St Pierre. T. *Tu es Petrus... pravalebunt adverfum eam. Raphaello Urbin. Pinxit.* Cette Eftampe a été gravée par Soutman d'après un deffein de Rubens. 17 p. 11 l. de l. fur 11 p. 7 l. de h. T. R.

51. La Magdelaine chez le Pharifien. Il y a fix vers : *Acceptat Dominus Pharifaa... gaudia tanta dare.* Mich. Natalis *Sculp.* Abrah. à Diepenbeke *Ex. Ant. C. P.* 18 p. 2 l. de l. fur 14 p. 7 l. de h. B. R.

52. Cette même Eftampe eft gravée à l'eau forte par G. Panneels. F. V. W. *Ex.* 6 p. 3 l. de l. fur 5 p. 3 l. de h.

53. Le Bon Pafteur. T. *Paftor Bonus*, fans nom de Graveur. G. Hendricx *Ex.* 15 p. 9 l. de h. fur 12 p. 5 l. de h.

54. Réfurrection du Lazare. T. *Lazare veni foras.* Boetius à Bolfwert, *Sculp. & Ex. C. P. R. C. S. J. & O. B.* 22 p. 2 l. de h. fur 18 p. 2 l. de l. B. R.

55. Un Chrift. T. *Speramus in Deum vivum, qui eft falvator omnium hominum.*

56. La Vierge qui fait le regard du Chrift. T. *Sub tuum prafidium confu-*

gimus, *sancta Dei genitrix.* N. Ryckmans, *Sculp.* 5 p. 11 l. de h. sur 4 p. 2 l. de l.

57. Une tête de Christ dans un ovale. T. & Déd. *Jesu dulcissime, amantissime... Die 27 Mai natali suo*, 57. P. Pontius *incidebat.* 13 p. 5 l. de h. sur 10 p. 1 l. de l.

58. Le regard est la Vierge dans un ovale. T. *O beata Maria...* qui étoit perdue : sans nom de Graveur. G. Hendricx *Ex. Ant.* 14 p. 5 l. de h. sur 11 p. 6 l. de l. R. Oeuvre du Roi.

59. Un regard de tête de Christ & de Vierge, sans titre & sans nom de Graveur. 5 p. 11 l. de h. sur 4 p. 3 l. de l. R. Oeuv. du Roi.

60. La Cêne. T. *Accepit Jesus panem... est corpus meum.* Boet. à Bolswert *Sculp.* & Ex. C. P. R. C. S. I. & O. C. 23 p. 7 l. de h. sur 18 p. 2 l. de l. B. T. R.

61. Lavement des pieds. T. *Et cœpit lavare pedes Discipulorum.* A. Lommelin, *Sculp.* 15 p. 1 l. de h. sur 12 p. 3 l. de l.

62. Priere au Jardin des Olives. Déd. *Amplissimo ac Reverendo...* Fr. Van Vyngaerde. P. de Baillius, *Sculp.* Fr. Vanden Wyngaerde *Ex.* 11 p. 5 l. de h. sur 9 p. 10 l. de l. R.

63. Cette même composition a été encore gravée par Ant. Coget. T. *Jesus positis genibus... A me est*, Luc 22. 15 p. 3 l. de h. sur 12 p. 5 l. de l.

64. J. C. attaché à la colomne, sans titre. *Erasmus Quellinius delineavit* : Matt. Borrekens *Ex. C. P. habitans Ant. prope Monefam.* 36 p. 11 l. de h. sur 15 p. 2 l. de l. T. R. Oeuv. du Roi. D.

65. Une tête d'Ecce Homo. T. *Aspicientes in auctorem fidei & consummatorem Jesum, ad Hebr.* 22. P. Donnoor fecit. 7 p. 9 l. de h. sur 5 p. 5 l. de l.

66. Ecce Homo. T. & Déd. *Egredimini & videte... Patrono Theod. Galleus D. D.* Cor. Galle, *Sculp.* Jo. Galle *Ex.* 12 p. 3 l. de h. sur 10 p. 3 l. de l.

67. Une tête d'Ecce Homo, sans nom de Peintre & de Graveur. Cor. Galle. 8 p. 4 l. de h. sur 4 p. 10 l. de l. Oeuv. de M. Mariette. T. R.

68. Ecce Homo, ou J. C. devant Pilate. T. *Exivit ergo Jesus... Crucifige, crucifige eum.* Nic. Laeuwers *Sculp. Cum privilegio consilii sanctioris Brabantiæ. C. P. C. S. B.* 23 p. 8 l. de h. sur 16 p. 9 l. de l. B.

69. Portement de Croix. T. *Jesus bajulans crucem... eo ut interficerentur.* P. Pontius, *Sculp. C. P. R. C. S. J. &.*

O. C. A°. 1632. 21 p. 10 l. de l. fur 16 p. 10 l. de h. B.

70. Portement de Croix. Il y a fix vers : *Sanguine currentes . . . mutua reddit amor.* Cœur Laeuwett , *Sculp.* 15 p. 9 l. de h. fur 11 p. 4 l. de l.

71. Elévation en Croix , en trois feuilles. Déd. D. Cornelio Vander . . . *& promotor fuit. . .* H. Withouc , *Sculp.* A°. 1638. *C. P. R. C. P. B. & O. B.* 43 p. 3 l. de l. fur 12 p. de h. B.

72. Un Chrift. Il y a quatre vers : *Flet cœlum moriente . . . Flere recinat Homo.* J. Meyfens *Ex.* fans nom de Graveur. 5 p. 8 l. de h. fur 4 p. 2 l. de l.

73. Un Chrift qui porte fur fon corps les marques de la flagellation , fans nom de Graveur. 6 p. 6 l. de h. fur 4 p. 1 l de l. Oeuv. du Roi. T. R. D.

74. Un Chrift. Il y a 4 vers : *Vita caret vita . . . pafcit utrumque novo* M. *fecit* Ant. Bon-Enfant *Ex.* 13 p. 10 l. de h. fur 6 p. 8 l. de l. R.

75. Un Chrift , fans titre. P. Van Sompelen , *Sculp.* P. Soutman *Ex. C. P.* 21 p. 10 l. de h. fur 14 p. 10 l. de l. T. R.

76. Un Chrift. T. *Clamans voce magna . . . hac dicens expiravit.* P. Soutman *Ex.* 15 p. 8 l. de h. fur 10 p. 5 l. de l. C'eft

le plus rare des Chrifts à trouver belle
Epreuve, auffi bien que celle ci-deffus.

77. Un Chrift. T. & Déd. *Sol cognovit*
. . . *Lubenter D. D.* Lucas Vofterman , *& Ex. C. P.* 13 p. 9 l. de h. fur
9 p. 6 l. de l.

78. Un Chrift. T. *Chriftus Crucifixus.* S.
à Bolfvvert, *Sculp.* G. Hendricx *Ex.*
18 p. 8 l. de h. fur 11 p. 10 l de l. B.

79. Un Chrift, avec les deux Larrons,
fans titre. S. à Bolfwert, *Sculp.* G.
Hendricx *Ex. Ant.* 22 p. 5 l. de h.
fur 15 p. 10 l. de l B.

80. Un Chrift avec les deux Larrons,&
à qui on perce le côté. T. *Jefus crucifixus venerunt... fanguis & aqua.* B. à
Bolfvvert , *Sculp. & Ex. C. P. R. C.
S. I. & O. C.* 21 p. 7 l. de h. fur 15
p. de l. B.

81. Le Chrift feul a été gravé en fonds
blanc. 16 p. 5 l. de h. fur 6 p. 10 l.
de l. R.

82. Un Chrift appellé communément
le Chrift aux coups de poing. T. *Clamans voce magna... hæc dicens expiravit.* P. Pontius , *Sculp. C. P. R. C.
S. I. & O. C.* A°. 1631. 21 p. 6 l.
de h. fur 14. p. de l. B. R.

83. Un Chrift T. & Déd. *Prædicamus
Chriftum crucifixum. D. C. Q.* Marti-

nus Vanden - Enden. S. à Bolſwert,
Sculp. M. Vanden - Enden *Ex. Ant.*
C. P. R. Celles ſous l'adreſſe de G.
Hendricx , ſont poſtérieures 16 p. 3 l.
de h. ſur 12 p. 3 l. de l. B. T. R.

84. Le même Chriſt a été gravé en fond
blanc. 17 p. 3 l. de h. ſur 7 p. 1 l. de l.

85. Il a encore été gravé par C. Galle :
ils ſont tous trois ſous la même adreſſe. 5 p 4 l. de h. ſur 3 p. 5 l. de l. R.

86. Un Chriſt qui recommande St Jean
à la Vierge. T. *Ecce mater tua.* Jacob
Neeſs , *Sculp.* G. Hendricx *Ex. Ant.*
22 p. 5 l. de h. ſur 16 p. 5 l. de l.

87. Deſcente de Croix. Déd. *Revere. lo*
admodum Nobili. . . ſummo , D. D. C.
Joannes Meyſſens. P. Clauvet , *Sculp.*
F. Meyſſens Ex. 19 p. 9 l. de h. ſur 15
p. 4 l. de l.

88. Deſcente de Croix. Déd. *Illuſtriſſi-*
mo , & excellentiſſimo Obſervand. L. M.
D. C. Q. Joannes Meyſſens. Cœur
Waumans , *Sculp.* Celles ſous l'adreſſe
de Cor. Galle , ſont poſtérieures. 16
p. 10 l. de h. ſur 12 p. 10 l. de l.

89. Deſcente de Croix. Ded. *Illuſtriſſi-*
mo , Excellentiſſimo. . . . nuncupat
dedicatque , Luc Vorſterman , *Sculp.*
& Ex. A°. 1620. C. P. R. C. P. B.
& O. C. 21 p. 1 l. de h. ſur 15 p. 10
l. de l. B. T. R.

90. Defcente de Croix. T. *Joſeph ab Ari-mathia.... exciderat in petra*, Matth. 26. N. Laeuwers Ex. 13 p. 11 l. de h. ſur 10 p. 2 l. de l.

91. J. C. que l'on porte au tombeau. T. *Acceperunt corpus Jeſu .. eſt Judais ſepelire.* Cor. Galle *fecit.* 5 p. 6 l. de l. ſur 4 p. 5 l. de h. Oeuv. de M. Ma-riette. T. R.

92. J. C. au Tombeau. T. *Chriſti funus: P. Pontius æri incidit.* C. P. R. C. S. I, & O. C. A°. 1628. 17 p. 3 l. de h. ſur 13 p. 10 l. de l. B.

93. Cette même Compoſition a été gra-vée par S. à Bolſvvert. Il y a quel-ques changemens dans les têtes. Il y a ſix vers, & une Déd. 16 p. 6 l. de h. ſur 12 p. 10 l. de l.

94. J. C. au Tombeau. T. *Et hunc qui... ſic obiiſſe dolet.* N. Laeuwers *fecit & Ex,* 11 p. de h. ſur 8 p. 6 l. de l.

95. Cette même Compoſition eſt gravée par Cor. Galle, avec une Déd. & un Titre. *Vocate me mara.. opus D. D. C. Q.* Cornelius Galle. 13 p. 8 l. de h. ſur 10 p. de l.

96. J. C. au Tombeau. Il y a quatre vers : *Rex meus eſt. . . erit ille meus.* P. Soutman *effigiavit & Ex.* C. P. 14 p. 2 l. de l. ſur 11 p. de h. B. T. R.

97. J. C. au Tombeau. T. *O triſtes ani-*

ma... *ſumma janua lætitia.* J. Witdoeck
Sculp. Ex. Cum gratia & privi. R. J.
de Berti. 17 p. 11 l. de l. ſur 13 p. de
h. B. R.

98. Réſurrection. T. *Chriſtus Reſurgens...
jam moritur, ad Rom.* 4. S. à Bolſvvers,
Sculp. M. Vanden-Enden *Ex. C. P. R.*
Celles ſous l'adreſſe de G. Hendricx,
ſont poſtérieures. 14 p. 11 l. de h. ſur
10 p. 4 l. de l. B.

99. Réſurrection, ſans titre. Rem. Fyn-
hovedts *fecit.* 9 p. de l. ſur 7 p. 8 l.
de h. R.

100. L'Apparition des Anges au Tombeau, aux Saintes femmes. Déd. *Lectiſ-
ſimis Matronis D. Maria... offerebat
Lucas Vorſterman.* Luc. Vorſterman
Ex. C. P. 16 p. 7 l. de l. ſur 12 p. 7 l.
de h. B. T. R.

101. Apparition de J. C. à la Magde.
laine. Il y a quatre vers : *Te ſimul abſ.
condis... ludere novit amor.* Fr. Vanden Wyngaerde *fecit & Ex.* 10 p. 4 l.
de h. ſur 8 p. 5 l. de l. R.

102. La même Apparition a été gravée
par Ad. Lommelin, ſans titre, avec
quelque changement dans les fonds.
16 p. 2 l. de h. ſur 13 p. 4 l. de l.

103. Les Pelerins d'Emmaus. T. *Accepit
Jeſus panem, & benedixit, & aperti ſunt
oculi*

oculi eorum & agnoverunt eum. H. Witdouc, *Sculp.* A°. 1638. C. P. R. C.
P. B. & O. B. Quand on veut avoir
cette Eſtampe retouchée en clair obſcur, elle eſt très-rare. Rubens en a retouché quelques - unes.

104. Les Pelerins d'Emmaus. Il y a huit
vers : *Me quantus ignis... inſideat fu-*
ge ſuſpicari. P. Van Sompelen , *Sculp.*
P. Soutman *Effigiavit* & *Ex: C. P.* 12
p. 8 l. de h. ſur 0 p. 11 l. de l. R.

105. Cette même Eſtampe eſt gravée
par W. Swanenburg. Il y a ſix vers :
ſi quis Apelleâ... noſtri miramur Apel-
lis. 10 p. 11 l. de h. ſur 10 p. 7 l. de
l. B.

106. Les mêmes Pelerins copiés d'après
W. Swanenburg , par Adr. Lommelin. T. *In fractione panis agnoverunt*
eum , Luc 24. G. Huberti. *Ex.* 15 p.
7 l. de h. ſur 1 p. 7 l. de l.

107. Aſcenſion. T. *Videntibus illis ele-*
vatus eſt , Act. 1. v. 9. S. à Bolſvert
Sculp. M. Vanden-Enden *Ex. Ant.*
C. P. Les Epreuves ſous l'adreſſe de
G. Hendricx ſont poſtérieures. 16 p.
5 l. de h. ſur 12 p. 5 l. de l. B.

108. Aſcenſion : ſans titre & ſans nom
de Graveur. 12 p. 3 l. de h. ſur 8 p.
6 l. de l.

C

109. Trinité. T. *Pranobili ac generoso.* : : *Triados imagine.* Ad. Lommelin *Sculp.* G. Hendricx *Ex.* 16 p. de h. fur 12 p. 7 l. de l.

110. Trinité, fans titre. Luc. Vorftermans Junior, *Sculp.* F. Wyngaerde *Ex.* 10 p. 4 l. de h. fur 12 p. 7 l. de l.

111. Cette même Eftampe eft gravée au burin, fans nom de Peintre & de Graveur. 5 p. 10 l. de h. fur 3 p. 10 l. de l.

112. Trinité, ou Chrift mort fur les genoux du Pere Eternel. T. *Hic eft filius meus dilectus.* S. à Bolfwert, *Sculp.* M. Vanden-Enden *Ex. Ant. C. P.* Les Epreuves fous l'adreffe de G. Hendricx, font poftérieures. 16 p. de h. fur 12 p. 7 l. de l. B.

113. Defcente du St Efprit. T. *Animis illabere noftris.* P. Pontius, *Sculp. C. P. R. C. S. J. & O. G.* A°. 1627. 21 p. 4 l. de h. fur 15 p. 7 l. de l.

114. Converfion de St Paul. Déd. *Illuftriffimo ac Reverendiffimo.* : *imitatori è Saulo Paulum.* S. à Bolfwert, *Sculp. & Ex. Cum Privilegiis Regis Chriftianiffimi, Sereniffima Infantis, & Ordinum Confœderatorum.* 22 p. de l. fur 15 p. 10 l. de h. B. R.

115. Apparition de J. C. à la Magdelei-

ne, après la Réfurrection. On voit dans la même Eftampe un St Pierre, un Roi, & un Saint qui tient une Croix. Au bas de l'Eftampe eft écrit dans un Cartouche, *Remittuntur ei peccata.* N. Lauwers *Ex.* 15 p. 9 l. de h. fur 9 p. 4 l. de l.

116. Apparition de J. C. à la Vierge. T. & Déd. *Mariam verè Dei... Gallaus Dicai confecratque.* Egb. Van-Panderen, *Sculp.* Theod. Galle *Ex.* 15 p. 1 l. de h. fur 11 p. 2 l. de l. R.

117. Les quatre Peres de l'Eglife. Déd. *Reverendo admodum nobili. . de Neyt Antuerp.* Corn. Galle, *Sculp.* G. Hendricx *Ex.* 17 p. 1 l. de l. fur 13 p. 4 l. de h.

118. Les quatre Peres de l'Eglife. T. & Déd. *In Effigiem quatuor... poffe perire negat.* C. Van-Dalen Junior, *Sculp.* A. Blutelinge *Ex.* 10 p. 6 l. de h. fur 9 p. 2 l. de l. B.

119. Les Peres de l'Eglife, & Sainte Claire. Il y a quatre vers : *Doctorum Æthereo... crede fide.* S. à Bolfwert, *Sculp.* Nic. Lauvvers *Ex. Ant.* 18. p. 10 l. de h. fur 17 p. 6 l. de l. B.

120. Cette même Eftampe eft encore gravée par Remoldus Eïnhouedts ;

C ij

mais le fond eſt tout changé. 12 p. 4 l.

de l. ſur 10 p. 4 l. de h. B. R.

321. Les Quatre Evangeliſtes. Il y a
quatre Vers & une Déd. *Si quod duo-
rum... quale quæle Symbolum.* L. *M. D.
C. Q. S.* à Bolſwert *Ex. Ant.* 18 'p.
10 l. de h. ſur 7 p. 4 l. de l. B.

322. La diſpute du St Sacrement. Il y a
des Vers & une Déd. *Chriſtus in hâc..
Prædicatorum Antuerpiæ Priori.* A°.
1643. Henr. Snïer, Sculp. Abrah. à
Diepenbeke *Ex. Ant. C. P.* 22 p. 9
l. de h. ſur 15 p. 10 l. de l. B. R.

123 Le Combat de l'Eſprit contre la
chair, déſigné par une figure ailée &
liée d'une corde, dont un Ange tient
un bout vers le Ciel : le Père Eternel
eſt au-deſſüs. L'autre bout de la corde
eſt tiré par les Diables qui la veulent
entraîner dans l'Enfer ; ſans nom de
Peintre & de Graveur. 11 p. 7 l. de
h. ſur 9 p. 5 l. de l. Oeuvre du Roi. R.

324. Sujet allégorique, repréſenté par
cinq femmes. Celle du milieu a les
mains l'une dans l'autre, & tient un
chapelet ; à droite eſt une autre femme à genoux, appuyée ſur le dos
d'un fauteuil, & tenant encore un chapelet : derriere elle eſt une troiſiéme
femme qui paroît entretenir le feu d'u-

ne lampe. Une autre à gauche tient un livre , & la cinquiéme eft en méditation : derriere eft un Ange qui monte auCiel,& un autre dans les nues fonne de la trompette. Gravé à l'eau forte , fans nom de Peintre ni de Graveur. 10 p. 6 l. de l. fur 6 p. 3 l. de h, Oeuvre du Roi. R.

325. Triomphe de la Charité, fans titre. Adr. Lommelin , *Sculp.* G. Hendricx *Ex.* 32 p. 7 l. de h. fur 23 p. 7 l. de l.

326. Triomphe de l'Eglife , en deux feuilles. Il y a huit Vers & une Déd. *Sic vehitur nova... Hannecart Senator Antuerpian.* Nic. Lauvvers, *Sculp. & Ex. Ant. C. P.* 32 p. 10 l. de l. fur 24 p. de h. B.

327. La deftruction des anciens Sacrifices, en 2 feuilles. Il y a fix Vers & une Déd. *Cede deo mala... Petr. Hannecart Dedicabat.* S. à Bolfvvert, *Sculp.* Nic. Lauvvers *Ex. Ant. C. P.* 33 p. de l. fur 23 p. 5 l. de h. B.

328. Triomphe de l'Euchariftie, en deux feuilles. Il y a huit Vers , & une Déd. *Perge Triumphatrix Ecclefia... Pet. Hannecart. D. D.* S. à Bolfvvert,*Sculp.* Nic. Lauvvers *Ex. Ant. C P.* 37 p. 10 l. de l. fur 23 p. 9 l. de h. B.

C iij

129. Le Temps qui découvre la vérité,
& terraffe l'Heréfie, fans titre. Adr.
Lommelin, *Sculp*. G. Hendricx *Ex*.
32 p. 10 l. de l. fur 23 p. 5 l. de h.

130. Le Jugement dernier, en deux
feuilles. T. *Ducunt in bonis dies fuos, &*
in punElo ad inferna defcendunt. Job.
Chap. 21. *Joes Van-Orley delineavit*
& Rich. Van-Orley fecit in aquâ forti.
30 p. de h. fur 22 p. 10 l. de l.

131. Le Jugement dernier en deux
feuilles. T. *Omnes Enim nos.... bonum*
five malum. Corn. Viffcher, *Sculp*. P.
Soutman *Ex. C. P.* 21 p. 11 l. de h.
fur 17 p. 6 l. de l. B.

132. Chûte des Reprouvés. T. *Lapfum*
draconis.....vides, tu fuge. P. Soutman *Effigiavit. C. P. A°.* 1642. 20 p.
2 l. de h. fur 15 p 2 l. de l. Celles
fous l'adreffe de Phil. Bouttat Junior,
font retouchées. R.

133. Chûte des Réprouvés, en deux
feuilles. T. *Superbia ergo depulfi...de-*
vovet Petrus Soutman. C. P. J. Suyderhoef, *Sculp.* A°. 1642. Cette Eftampe a été retouchée : on ne peut s'en
appercevoir, que par les contours, &
les reflets qui font plus arides & tranf-
parents. 32 p. 8 l. de h. fur 19 p. 9 l.
de l. B. R.

134. Des Anges dans une gloire, dont les uns jouent des inftrumens, & les autres chantent, fans nom de Peintre ni de Graveur. Gravé à l'eau forte dans le goût de Kemoldus ; de l'œuvre du Roi. B. T. R. 18 p. 6 l. de l. fur 12 p. de h.

135. Deux Anges dans des nuës, tenant un Soleil d'où fortent des rayons, fans nom de Peintre ni de Graveur. Gravé à l'eau forte dans le goût de Kemoldus. 8 p. 8 l. de l. fur 5 p. 1 l. de h. B. T. R. de l'œuvre du Roi.

136. L'Enfant Jefus , & St Jean qui jouent avec un mouton. T. *O Baptifta, quis fuit... utero claufus exfultaras.* Cor. Galle *Ex.* 16 pouces 1. ligne de largeur, fur 11 pouces 9 lignes de hauteur.

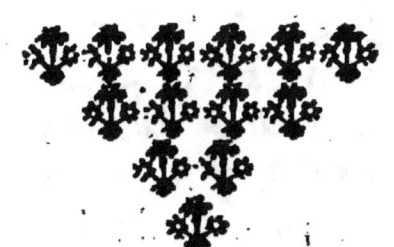

˙S U J E T S
D E
V I E R G E˙

1. IMmaculée Conception. T. *Ipfa conteret caput tuum.* Genef. 3. S. à Bolf-vvert *Sculp.* A. Bon-Enfant *Excudit Cum Privilegio Regis.* Quinze pouces trois lignes de haut, fur onze pouces de large. Belle, rare.

2. Immaculée Conception. T. *Veneranda admodum Maria. . Domina longè digniffima.* Matth. Borckens, *Sculp.* M. Vanden - Enden. *D. C. Q. & Ex.* 1644. 9 p. 4 l. de h. fur 4 p. 9 l. de l.

3. Cette même Eftampe eft encore gravée par le même Graveur, & fous la même adreffe. On en a fuprimé la boulle. 16 p. 6 l, de h. fur 7 p. 7 l. de l.

4. Le Couronnement de la Vierge, fans titre. Gravé en bois par Chrift. Jegher. *C. P. R.* 16 p. 3 l. de l. fur 11 p. 10 l. de h.

5. Le Couronnement de la Vierge, fans titre. l'Estampe est ceintrée, fans nom de Peintre ni de Graveur. Gravé à l'eau forte dans le goût de Remoldus. B. T. R. Oeuvre du Roi. 9 p. 4 l. de h. fur 7 p. 5 l. de l.

6. Le Couronnement de la Vierge. T. *Coronatio Divæ Virginis.* P. Pontius, *Sculp.* G. Hendricx, *Ex.* 12 p. 11 l. de h. fur 9 p. 5 l. de l.

7. La Reine des Anges, où deux Anges couronnent la Vierge. T. *Quæ est ista... Caftrorum acies ordinata.* Cor. Viffcher, *Sculp.* P. Soutmans dirigente. C. P. 22 p. 9 l. de h. fur 16 p. 10 l. de l. B.

8. Cette même Estampe est gravée à l'eau forte, avec goût, fans nom de Graveur, & avec quelques changemens dans les Enfans. T. *Ave Domina Angelorum.* F. L. D. Ciarte exc. C. P. R. 10 p. 9 l. de h. fur 7 p. 7 l. de l. B.

9. Affomption. D. Déd. *Magnifico & Clariffimo... Martinus Vanden-Enden.* S. à Bolfvvert, *Sculp.* Mar. Vanden-Enden *Ex.* C. P. 22 p. 10 l. de h. fur 15 p. 10 l de l. B.

10. Affomption. Déd R. P. *Guardiano F F. Minorum... Martinus Vanden-Enden.* D. C. Q. S. à Bolfvvert, *Sculp.* Mar.

Vanden-Enden *Ex. Ant. C. P.* 22 p.
11 l. de h. fur 16 p. 2 l. de l. B. Celles fous l'adreffe de G. Hendricx, font
poftérieures, & celles fous l'adreffe
de Cor. Van-Merlen, font retouchées.

11. On à gravé le haut de cette Affomption, avec le titre, *Janua Cali :* Il y
a du changement dans les Anges. Cor.
Galle *Ex.* 8 p. 6 l. de h. fur 5 p. 2 l.
de l.

12. Affomption, fans titre. H. Witdouc,
Sculp. A°. 1639. *C. P. R. C. P. B. &
O. C.* Les Epreuves fous l'adreffe de
Cor. Van-Merlen, font retouchées.
23 p. de h. fur 17 p. 4 l. de l. B. R.

13. Affomption. T. *Affumpta eft Maria
in cœlum.* P. Pontius, *Sculp. C. P. R.
C. S. J. & O. C.* A°. 1624. 32 p. 7 l.
de h. fur 16 p. 2 l. de l. B.

14. Cette même Affomption eft gravée
dans la même grandeur, par Maffon.
La premiere eft ceintrée, & la fecon-
de quarrée. R.

15. Affomption, fans titre. Panneels
fecit. F. V. W. *Ex.* 12 p. 3 l. de h. fur
6 p. 8 l. de l. R.

16. Affomption. T. *Affumpta eft Maria
in Cœlum.* A. Lommelin, *Sculp.* G.
Hendricx *Ex Ant.* 16 p. 1 l. de h.
fur 13 p. 1 l. de l.

17. Aſſomption , ſans titre. Cœur·Vau-
mans , *Sculp.* P. de Bailliu *Ex.* 8 p.
6 l. de h. ſur 5 p. 1 l. de l.

18. La Vierge & l'Enfant Jeſus qui dort
ſur ſes genoux , gravé en taille de bois.
On en a imprimé quelques-unes en
clair-obſcur : Elles ſont très-rares. C.
Jegher *Sculp.* & *Ex.* C. P. 22 p. de
l. ſur 17 p. de h.

19. Une Vierge ſur un piédeſtal , avec
pluſieurs Saints & Saintes. Au bas de
l'Eſtampe ſont St Auguſtin, St Sebaſ-
tien , & St Georges. Il y a une Déd.
*Reverendo in Chriſto. . . Abr. Van-Die-
penbeke.* Hend. Snyers , *Sculp.* Abr. à
Diepenbeke *Ex. Ant.* C. P. On a retouché cette planche. Pour l'avoir
belle , il faut qu'on voye des blancs du
papier dans la Vierge & à Ste Catherine , & que la châpe de St Auguſtin
ne ſoit point partout contretaillée. 24
p. 5 l. de h. ſur 17 p. 2 l. de l.

20. Cette même Eſtampe eſt gravée par
Remoldus Eynhouedts. 14 p. 10 l. de
h. ſur 10 p. 5 l. de l. Elles ſont toutes deux. B. R.

21. Une Vierge dans une niche , avec
des Enfans qui tiennent des guirlandes de fruits. Il y a huit vers & une
Déd. *Quam bene Virgo. . . lub. mer. De-*

dicabat Cor. Galle, *Sculp. C. P.* 16
p. 6 l. de h. fur 14 p. 11 l. de l. B.

22. Ste Famille, ou l'Enfant Jefus tient
un oifeau. T. *Delicia mea effe cum filiis
hominum.* Prov. 8 v. 31. S. à Bolfvvert.
Sculp. 14 p. 6 l. de h. fur 11 p. 3 l. de
l. B R.

23. Ste Famille, où la Vierge donne à
tetter à l'Enfant Jefus. St Jean lui tient
le pied, & a fon autre main fur la tête
d'un mouton. *Quis mihi det. . . me nemo defpiciat.* J. Witdoeck, *Sculp.* Jac.
Moermans *Ex. Ant. C. P. R. J. de
Bert.* 14 p. 10 l. de l. fur 11 p. 9 l. de
l. B. R.

24. Ste Famille, où l'Enfant Jefus dort
entre les bras de la Ste Vierge. Il y a
huit vers : *Quondam prægnantem Virgo..
Numinis igne fibras.* J. Witdoeck, *Sculp.
Cum Grat. & P. R. J. de Bert.* 13 p.
11 l. de h. fur 11 p. de l. B. R.

25. Ste Famille, où l'Enfant Jefus &
St Jean carreffent un mouton. Il y a
quatre vers : *Agnus adeft Agnis.. A-
gnus utrumque notat.* S. à Bolfwert *fecit:*
MM. Vanden-Enden *Ex. Ant. C. P.*
15 p. 8 l. de h. fur 11 p. de l. B. Là
même compofition eft gravée par
Panneels.

26. Ste Famille, où l'Enfant Jefus careffe

tesse la Ste Vierge. T. *Dilectus meus mihi, & ego illi.* Cant. 2. S. à Bolswert, *Sculp.* 15 p. 3 l. de h. sur 12 p. 3 l. de l. B. R.

27. Cette même Ste Famille est gravée par P. Pontius. Les figures ne sont que jusques aux genoux. Il y a quatre vers : *Quam bene complexum… stringit amor.* 8 p. 4 l. de h. sur 6 p. 6 l. de l.

28. Elle est encore gravée par Alex. Voet, & la Ste Anne est supprimée.

29. La Ste Vierge que l'Enfant Jesus embrasse. T. *Osculetur me osculo oris suis,* Cant. 1. S. à Bolswert *fecit* M. Vanden-Enden *Ex. Ant. C. P. R.* 15 p. 7 l. de h. sur 10 p. 11 l. de l. B.

30. Cette même Vierge est gravée par par J. Suyderhoef, avec quelques changemens, sur tout à la tête de l'Enfant Jesus. Il y a quatre vers : *Cum mea mens… sapit ipsa fames.* 7 p. de h. sur 5 p. 4 l. de l. B.

31. La Ste Vierge & l'Enfant Jesus qui est appuyé sur un berceau. T. *Virgo Dei genitrix… addicto pectore matrem :* sans nom de Graveur. Erasm. Quellinius *Ex. C. P.* 12 p. de h. sur 6 p. 6 l. de l.

32. La même Vierge est gravée avec le même titre, & dans la même gran-

D

deur , sans nom de Graveur. Je la crois gravée par M. Lasne.

33. L'Enfant Jesus sur une table, & caressant la SteVierge.T. *Puteus Aquarum Viventium* , Cant. 4. *Fonteyn der Hoven* , Cant. 4. S. à Bolswert *Sculp.* 10 p. 4 l. de h. sur 8 p. 10 l. de l. B.

34. La Ste Vierge & l'Enfant Jesus, à qui des Anges présentent une corbeille de fruits. T. *Sub umbra illius. . dulcis gutturi meo.* Alex. Voet Junior *Sculp. & exc. Ant.* 14 p. 8 l. de h. sur 10 p. 10 l. de l.

35. Ste Famille, où l'Enfant Jesus est appuyé sur la Ste Vierge , & St Joseph deriere elle. Il y a un Perroquet sur une colomne. T. *Miratur matrem fieri. . . miracula vincit.* Bolswert *Sculp.* A. Bon-Enfant *Ex. C. P. R.* 14 p. 11 l. de l. sur 11 p. 10 l. de h. B. T. R.

36. Ste Famille ; l'Enfant Jesus caresse la Ste Vierge , & Ste Anne est appuyée sur un berceau. Déd. *D. Adriano pedes. . . , lubens merito Dedicavit.* Luc. Vostermans *Sculp. & Ex.* A°. 1620. *C. P. R. C. P. B. & O. B.* 9 p. 4 l. de h. sur 7 p. 4 l. de l. B.

37. Cette même Ste Famille est gravée par M. Lasne : La Ste Anne est supprimée, & le fond est changé. Il y a

quatre vers : *Divide filiolo pia... Victima fero cades.* P. de Jode *Ex.* 8 p. 2 l. de h. fur 6 p. 7 l. de l.

38. Ste Famille : l'Enfant Jefus eft dans un berceau qui careffe St Jean, Ste Anne à les mains jointes, & la Sainte Vierge eft appuyée fur le berceau. T. *Me vocat Elia... Chrifte faveque meis.* Sans nom de Graveur. Luc Vorfterman *Ex. C. P.* 1 p. 7 l. de h. fur 9 p. de l.

39. Cette même Ste Famille eft encore gravée ~~fans nom de Graveur~~, dans le Recueil du Cabinet du Grand Duc : Le Graveur s'appelle *Petrucci.* 10 p. 11 l. de h. fur 6 p. 6 l. de l. T. R.

40. La Ste Vierge qui tient l'Enfant Jefus entre fes bras, dans une bordure ovale. T. *Maria mater Dei, Regina Cœli.* J. Witdoeck *Sculp. Cum gratia & P. R. J. Berti.* 10 p. 3 l. de h. fur 7 p. 11 l. de l. B. R.

41. La Ste Vierge qui tient l'Enfant Jefus fur fes genoux : il a une boule dans fa main droite, & tient un fceptre de la main gauche. T. *Maria mater Dei, Regina Cœli.* S. à Bolfvvett *Sculp. & Ex. C. P.* 10 p. 2 l. de h. fur 8 p. de l. B.

42. La même Eftampe eft gravée par

Aubert, avec le même titre. 15 p. 9
l. de h. sur 11 p. 10 l. de l.

43. L'Enfant Jesus qui embrasse la Ste
Vierge. St Joseph est derriere qui les
regarde, & tient son menton dans sa
main. T. *Felicia prorsus oscula... de
Assump. B. Mariæ.* Gio. Bat. Barbé,
F. 5 p. 7 l. de h. sur 4 p. 4 l. de l.

44. La Ste Vierge qui fait distiller du
lait dans la bouche de l'Enfant Jesus.
T. *Hyblai rores... in ore pudor.* Sans
nom de Graveur. *C. P.* 5 p. 4 l. de h.
sur 5 p. 1 l. de l. B.

45. Ste Famille, où St Jean veut ôter
un pigeon à l'Enfant Jesus. T. *Cum
essem parvulus... loquebar ut parvulus,*
ad Corint. 13. M. Vanden - Enden
Ex. 15 p. 5 l. de h. sur 6 p. 6 l. de
l. R.

46. Ste Famille, où l'Enfant Jesus joue
avec *St Jean,* qui est monté sur un
mouton, & un Ange présente une
corbeille de fruits à la Ste Vierge :
sans titre. G. Panneels *fecit.* Celles où
est l'adresse de F. V. W. *Ex.* sont retouchées. 5 p. de l. sur 4 p. 6 l. de h.

47. La Ste Vierge qui tient l'Enfant Jesus sous un bras. T. *Diva parens teneros... numine cuncta replet.* N. Lauwerts
Ex. 5 p. 4 l. de h. sur 6 p. 1 l. de l. R.

48. La Ste Vierge qui donne à téter à l'Enfant Jesus. Il y a une Ste Anne derriere la Ste Vierge : sans titre. A. de Paulis *fecit*. 4 p. 2 l. de h. sur 3 p. 3 l. de l.

49. Une Vierge. T. *B. Maria Rosarii*. Adr. Lommelin *Sculp.* G. Hendricx *Ex.* 16 p. 3 l. de h. sur 13 p. 2 l. de l.

50. La Ste Vierge, l'Enfant Jesus, & St Jean qui joue avec un mouton : Estampe ovale, sans titre. Vorsterman *fecit*. 4 p. 7 l. de h. sur 3 p. 2 l. de l. B.

51. Une Vierge soutenue par des Anges, dont l'un lui tire un glaive du cœur. T. *O cor . . . dolor ille venit.* W. P. *fecit*. 10 p. 3 l. de h. sur 7 p. 8 l. de l.

52. La Ste Vierge, & l'Enfant Jesus qui dort dans un berceau : gravé à l'eau forte, sans nom de Graveur. T. *Cum essem parvulus*, 1. *ad Corint.* 13. M. Vanden-Enden *Ex.* 9 p. 5 l. de h. sur 6 p. 1 l. de l.

53. Une Vierge & l'Enfant Jesus. Il y a deux vers : *Diva parens teneros . . . numine cuncta replet.* N. Lauwert *Ex.* Anvers. 9 p. 5 l. de h. sur 6 p. 1 l. de l. T. R. Oeuvre du Roi.

54. La Ste Vierge qui tient l'Enfant Je-

sus sur ses genoux , St Jean lui présente une corbeille de fruits : sans titre,
gravé à l'eau forte sans nom de Graveur. Fran. Vanden-Wyngaerde *Ex.*
3 p. 3 l. de h. sur 2 p. 4 l. de l'Oeuvre de M. Mariette. T. R.

55. La Ste Vierge qui donne à téter
à l'Enfant Jesus. T. *Meliora sunt ube-
re tua vino* , Cant. 12. P. Pontius
Sculp. J. Cnobbaert *Ex.* 4 p. 3 l.
de h. sur 3 p. 2 l. de l. Oeuvre de Mr
Mariette. T. R.

56. L'Enfant Jesus qui embrasse la Ste
Vierge : Il y a un St Joseph derriere
qui à les mains jointes. T. *Osculetur
me osculo.* . *Fragrantia unguentis opti-
mis* , Cantic. cap. 1. N. Rychemans
Sculp. 9 p. 1 l. de l. sur 6 p. 10 l. de h.
Oeuvre de M. Mariette. T. R.

57. Un Rosaire : La Sainte Vierge
tient dans ses bras l'Enfant Jesus, qui
a un chapelet dans sa main , & elle
en donne un à un Religieux, qui a
son compagnon derriere lui. Sur le
devant de l'Estampe , est un Evêque
à genoux, & de l'autre côté une Ste
qui baise un chapelet : derriere elle
sont trois Saints, dont un tient une
crosse ; sans noms de Peintre & de
Graveur. 16 pouces de haut sur 13 pouces de large. Oeuvre de M. Mariette.

S A I N T S.

1. **L**A mort de St Antoine. Titre &
Déd. *B. Antonius Ægyptius Nobilis... amicis diftribuit.* P. Clouwet
Sculp. 16 p. 3 l. de h. fur 11 p. 6 l.
de l. B. R.

2. St André. T. *Andreas Apoftolus &
Martir.* Alex. Voet Junior *Sculp. &
Ex. Aut.* 21 p. 7 l. de h. fur 17 p. 2
l. de l. B.

3. St Ambroife, fujet allégorique. Du
côté droit eft une figure qui repréfente la Prudence : il y a deux figures
derriere elle. De l'autre côté eft la figure d'un guerrier appuyé fur un bâton. Derriere lui eft une autre figure
d'homme encore appuyé fur un bâton,
& au-deffus un tableau de la Ste Vierge qui tient l'Enfant Jefus entre fes
bras, avec fix Anges qui foutiennent
des guirlandes de fruits. Rem. Eynhovedts *fecit* 14 p. 11 l. de h. fur 8 p.
5 l. de l. B. T. R.

4. St Auguftin. T. *Auguftinus a puerula*

apparente docetur abyssum Trinit. Alex.
Voet Junior *Sculp. & Ex. Ant.* 17 p.
3 l. de h. sur 13 p. 3 l. de l. R.

5. Cette même Estampe est gravée par
Jac. Neesse. 9 p. 6 l. de h. sur 7 p.
4 l. de l.

6. St Bavon qui distribue des aumônes.
Déd. *Illustrissimo ac Reverendissimo Domino... fortior astra petit. R. V. Ac.* F.
Pilsen *Sculp.* 21 p. 6 l. de h. sur 13
p. 6 l. de l.

7. St Christophe, sans titre. Rem. Eyn-
huesdt *fecit* 10 p. 7 l. de h. sur 8 p. 5
l. de l. R.

8. St François qui reçoit les Stigmates.
Gravé à l'eau forte, sans titre, &
sans nom de Graveur. 5 p. 2 l. de h.
sur 3 p. 9 l. de l. R.

9. St François qui reçoit les Stigmates,
sans nom de Graveur. C. Galle *Ex.
Ant.* 16 p. de h. sur 12 p. 4 l. de l.

10. St François qui reçoit les Stigma-
mates. Déd. *Ornatissimis Ludovico, &c.
ex animo nuncupavit.* Luc. Vorster-
mans *Sculp. & Ex. Cum Privilegio Regis Christianissimi, Principum Belgarum,
& Ordinum Batavia.* C. P. R. C. P.
B. & O. B. 18 p. 6 l. de h. sur 12 p. 7
l. de l. B.

11. St François. Sans titre & sans nom

de Graveur : il s'appelle J. de Picchianti. 6 p. 11 l. de h. fur 13 p. 5 l. de l. du Cabinet du Grand Duc. T. R.

12. St François. *Cupio diffolvi & effe cum Chrifto Philip.* 1. La tête du St François eft gravée par Corn. Viffcher. P. Soutman *Ex. C. P.* 15 p. 7 l. de h. fur 13 p. de l.

13. St François d'Affife, qui reçoit la Communion. T. & Déd. *Educ de cuftodia... infer. Germ. Definitori , &c.* L'Eftampe eft ceintrée : Hend. Snyers *Sculp.* Abrah. à Diepenbeke *exc. Ant. C. P.* 21 p. 7 l. de h. fur 13 p. de l. B.

14. St Francifcus Xaverius Indiæ Orientalis Apoftolus. Marinus *Sculp.* C. P. R. C. P. B. & O. B. B.

15. Cette même Eftampe eft copiée avec la même adreffe de Gafp. Huberti & le même titre. On y a ajoûté ce titre : *Certis anni temporibus... Societatis Jefu Antuerpiæ.* 20 p. 4 l. de h. fur 17 p. 2 l. de l.

16 Titre & Déd. *S. Francifcus Xaverius obiit...* S. à Bolfwert Frat. *D. D. C. C. Q.* 13 p. 6 l. de h. fur 9 p. 5 l. de l. B.

17. St François de Paule. T. *Deliciis affluens innixus.. Deum in æternum,* Pf. 72. M. Lafne *fecit.* Th. Galle *Ex.* 11

p. 2 l. de h. fur 8 p. 1 l. de l.

18. Miracle de St François de Paule. Il eſt dans une gloire, & les malades au bas de l'Eſtampe ; il y a beaucoup de ſpectateurs. T. *Franciſcus de Paula.. &c.* Corn. Colaert exc. 7 p. 7 l. de h. fur 5 p. 4 l. de l. T. R.

19. St François de Paule. Il y a au-deſſus de ſa tête une mitre, beaucoup d'Anges, des Religieux qui ſont à l'en-trée d'une porte, & à ſes pieds une bêche : ſans titre, ſans nom de Peintre ni de Graveur. Gravé à l'eau forte. 9 p. 10 l. de h. fur 5 p. 4 l. de l. Oeu-vre de M Mariette. T. R.

20. St Grégoire : à ſes deux côtés, ſont ſix Saints & Saintes. Il eſt fur le devant d'un portique. Au-deſſus il y a un Ecuſſon orné de guirlandes de fruits qui ſont ſoutenues par cinq enfants, & dans lequel eſt une banderolle qui porte ces mots : *S. P. Q. R.* ſans nom de Graveur, & ſans titre. 7 p. 5 l. de h. fur 5 p. 5 l. de l.

21. St George, ſans titre. Panneels *fecit.* M. Beden 1690. 8 p. 9 l. de h. fur 6 p. 8 l. de l. T. R.

22. L'Enfant Jeſus & St Jean qui jouent avec un mouton : En taille de bois. C. Jegher *Sculp. C. P.* 16 p. 8 l. de l. fur 11 p. 11 l. de h.

23. Titre : *S. Ignatius Loyola magna Societatis Jefu fundator.* Marinus *Sculp.* C. P. R. C. P. B. & O. B. 20 p. 1 l. de h. sur 16 p. 2 l. de l. B.

24. St Ignace de Loyola. T. & Déd. *S. Ignatius de Loyola... Bolfvvert Frat,* D. D. C. C. Q. 12 p. 6 l. de h. sur 9 p. 5 l. de l.

25. Le même St Ignace. T. *S. Ignatius de Loyola... in Sanctorum numerum relatus.* S. à Bolfwert *Sculp.* C. P. 4 p. 11 l. de h. sur 3 p. 4 l. de l. B.

26. St Ignace de Loyola, & St François Xavier. T. *Societatis Jefu auctor... in fanctorum numerum relatus.* S. à Bolf- wert *Sculp.* 11 p. 7 l. de h. sur 8 p. 11 l. de l. B. Bolfwert a gravé ces deux mêmes Saints dans deux planches féparées, dont j'ai fait la note ci-deffus.

27. St Ignace, T. B. P. *Ignatius,... Canonico Antuerpienfi digniffimo* D. D. fans nom de Peintre ni de Graveur. Luc. Vorfterman *Ex, A°* 1621. C. P. 10 p. 7 l. de h. sur 9 p. 7 l. de l. Oeuvre de M. Mariette T. R.

28. St Ignace que les Diables maltrai- tent. C'eft la même compofition qui eft gravée dans fa vie. M. Mariette en a le deffein de Rubens. On a mis par

erreur au bas de l'Eſtampe, Raphael
inv. G. Audran *Sculp.* 4 p. 2 l. de h. ſur
3 p. 7 l. de l. B.

29. St Juſtin Martir. Déd. *Clariſſimo viro*
D. Baltazari... Salutis bene ominantes.
D. D. C. Q. J. Witdoeck *Sculp. Ant.*
cum gratia & P. R. J. de Berti. Les
Epreuves ſous l'adreſſe de Fr. Vanden-
Wyngaerde ſont retouchées. 15 p. 6
l. de h. ſur 11 p. 6 l. de l. B. T. R.

30. St Joſeph. T. *Divini Carmeli patro-*
nus : ſans nom de Peintre & de Graveur. 15 p. 9 l. de h. ſur 12 p. 5 l. de
l. Oeuvre du Roi. T. R. D.

31. St Ildephonſe. T. *S. Ildephonſus Ar-*
chiepiſcopus Toletanus. H. Witdouec,
Sculp. A° 1638. *C. P. R. C. P. B. &*
O. B. 18 p. 11 l. de h. ſur 13 p. 8 l.
de l. B. R.

32. St Livins , Evêque de Gand. Il y a
une Déd. *Perilluſtr. Nobiliſſi. Ampliſ-*
ſimis , &c. Cornel. Van-Caukerchen,
1657. Gaſp. Hollander *Ex. Ant.* 20 p.
11 l. de h. ſur 15 p. 11 l. de l.

33. Titre : St Michel. Adr. Melan *Sculp.*
Corn. Galle *Ex.* 15 p. 4 l. de h. ſur
11 p. 4 l. de l.

34. St Laurent Martir. Déd. *Pietate Re-*
verendo , virtute , &c... adfectu beni-
volenter inſerebat. Luc. Vorſterman,
Sculp.

SAINTS. 49

Sculp. & Ex. A°. 1621. _Cum Privilegio Regis Chriſtianiſſimi , Principum
Belgarum , & Ordinum Batavia._ C. P.
R. C. P. B. & O. B. 13 p. 8 l. de h.
ſur 10 p. de l. B. T. R.

35. St Pierre & St Paul ſous deux por-
tiques , gravés en une même planche.
Rem. Eynhovedt _fecit._ 11 p. 7 l. de l.
ſur 6 p. 4 l. de l. B. R.

36. Titre : _Sancte Roche , ora pro nobis._
P. Pontius _Sculp._ C. P. R. C. S. I. &
O. C. A°. 1626. C'eſt la plus belle
Eſtampe que P. Pontius ait gravée. 19
p. 5 l. de h. ſur 13 p. 4 l. de l.

37. St Sébaſtien , ſans titre. G. Panneels
fecit. 6 p. 6 l. de h. ſur 4 p. de l. R.

38. Le Sacre d'un Evêque , ſans titre.
P. Soutman _fecit & Ex._ C. P. 11 p.
10 l. de h. ſur 7 p. 9 l de l.

39. St Thomas. T. _S. Thomas Apoſtolus
Indorum & Martir._ Jac. Neeſs ,
Sculp. Cum Privilegio Conſilii Sanctioris Brabantiæ. 22 p. 5 l. de h. ſur
16 p. 2 l. de l.

40. Deux Portraits gravés ſur une même planche , au haut de laquelle eſt
écrit : _S. Begga Pipini F. Brab. Dux
III. S. Pipinus, J. Brabantia Dux._ Au
bas de l'Eſtampe , eſt une Déd. _Cla-_
E

SAINTS,

riſſimo Præſtantiſſimoque viro... Franc. Vanden - Wyngaerde. F. Vanden-Steen, Sculp. F. Vanden - Wyngaerde Ex. Ant. 11 pouces 6 lignes de haut, ſur 6 pouces 3 lignes de large. B.

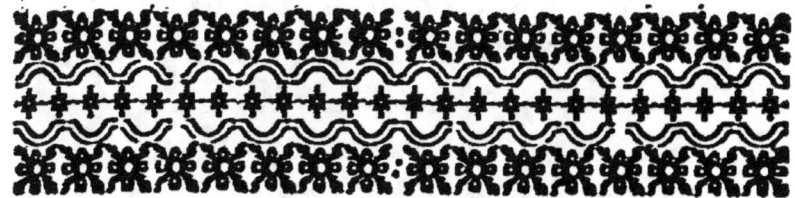

SAINTES.

1. SAinte Anne. T. *Audi filia. . . Rex decorem tuum*, Pſalm. 44. S. à Bolſwert *Sculp.* M. Vanden - Enden *Ex. C. P.* Celles ſous l'adreſſe de G. Hendricx, ſont poſtérieures. 15 p. 6 l. de h. ſur 11 p. 8 l. de l. R. R.

2. Ste Anne, ſans titre. Corn. Van-Koukercken *Sculp.* Malleiis Anteunis *Ex.* 8 p. 8 l. de h. ſur 6 p. 4 l. de l.

3. Ste Agnes, ſans titre. G. Panneels *fecit.* 3 p. 9 l. de h. ſur 2 p. 9 l. de l. R.

4. Titre : *Sancta Barbara Virgo & Martir.* S. à Bolſwert *Sculp. & Ex. C. P.* 13 p. 5 l. de h. ſur 9 p. 11 l. de l. B.

5. Titre : *S. Barbara.* L. Vorſterman *Ex. C. P.* 11 p. 5 l. de h. ſur 8 p. 3 l. de l. B.

6. Ste Barbe, ſans titre & ſans nom de Peintre. P. G. Panneels *fecit.* 3 p. de h. ſur 2 p. 6 l. de l. T. R.

E ij

7. Titre : *S. Barbara.* Bolſwert *Sculp.* Mart. Vanden-Enden *Ex.* 9 p. 4 l. de h. ſur 5 p. de l. B. T. R.

8. Titre : *Sancta Barbara.* Matth. Borreſzans *Sculp.* 16 p. 2 l. de h. ſur 7 p. 6 l. de l. T. R.

9. Ste Catherine, ſans titre. Bolſwert *Sculp.* 9 p. 9 l. de h. ſur 5 p. de l. B. T. R.

10. Titre : *Sancta Catharina Virgo & Martir. paſſa eſt ſub Maximino.* Wlp. *fecit.* 19 p. de h. ſur 14 p. 7 l. de l. B. T. R.

11. Titre : *Sancta Catharina Virgo & Martir.* S. à Bolſwert *Sculp. & Ex. C. P.* 13 p. 6 l. de h. ſur 8 p. 11 l. de l. B.

12. Ste Catherine gravée ſur un deſſein que Rubens a deſſiné d'après l'Antique. Titre : *S. Catharina ex marmore Antiquo.* L. Vorſterman *C. P.* 10 p. 2 l. de h. ſur 6 p. 9 l. de l.

13. Ste Catherine gravée à l'eau forte par Rubens, ſans titre. 10 p. 10 l. de h. ſur 7 p. 4 l. de l. T. B.

14. Mariage de Ste Catherine. Déd. *Virgineo capiti Catharinæ. . . . Joannes Meyſſens Pictor.* P. de Jode *Sculp.* J. Meyſſens *Ex. Ant.* 15 p. de h. ſur 11 p. 10 l. de l. B.

15. Ste Cecile, demi corps ; sans titre. Panneels *fecit.* F. Wyngaerde *Ex.* 5 p. 4 l. de h. sur 5 p. de l.

16. La même Sainte, & la même composition gravée par Lommelin. G. Hendricx *Ex.* 9 p. 7 l. de h. sur 7 p. 4 l. de l.

17. Ste Cecile. T. *Fiela prior... sua plectra trahit.* J. Witdoeck *Ex. Cum gratia & P. R* J. de Berti. B. T. R. Celles sous l'adresse de Hendricx sont retouchées. On a effacé le nom de Witdoeck, & on a mis à la place celui de S. à Bolswert. 13 p. 3 l. de h. sur 10 p. 11 l. de l. B.

18. Ste Hiltrude. T. *S. Hiltrudis Virgo.* Elle est gravée dans une bord ovale. Il y a dans les coins quatre petits sujets dans des ronds, un cartouche au haut de l'Estampe, & un dans le bas ; avec des Titres & une Dédicace : au-dessous du Cartouche est écrit, Tho. Galle *Ex.* 9 p. 4 l. de h. sur 7 p. 4 l. de l.

19. Mort de la Ste Magdelaine. T. *Gloriosus obitus Beatæ Mariæ Magdalenæ.* P. de Ballui *Sculp.* Jac. Moermans *Ex. C. P.* 10 p. 10 l. de h. sur 8 p. 2 l. de l.

20. La Magdelaine foulant aux pieds

ses bijoux. T. *Ite procul vestes... corpore nuda sequar.* Luc. Vorsterman *Ex. C. P.* 10 p. 10 l. de h. sur 8 p. 2 l. de l.

21. La Magdelaine qui s'arrache les cheveux, sans nom de Graveur & sans titre, gravée à l'eau forte. 7 p. 4 l. de h. sur 3 p. 9 l. de l. B.

22. Apparition de J. C. à la Magdelaine. Il y a un St Pierre, & derriere lui deux autres figures, dont une tient une Croix. T. *Remittuntur ei peccata multa, quoniam dilexit multum.* Luc. 7 sans nom de Graveur. 14 p. 1 l. de h. sur 6 p. 7 l. de l.

23. *Sancta Rosalia :* sans nom de Peintre ni de Graveur. C. Galle. 8 p. 3 l. de h. sur 4 p. 3 l. de l. Oeuvre de M. Mariette, R. D.

24. Ste Therese. Pet. Verschippen *Sculp.* N. le Cat *Ex. Ant.* 10 p. 10 l. de h. sur 7 p. 4 l. de l.

25. Ste Therese. T. *Sancta Mater, & Virgo Theresa.*

26. Ste Therese. T. *Vera effigies V. M. Anna... Obiit Bruxellis Mart.* 1641. C. Galle *Sculp. Ex.* 8 p. 8 l. de h. sur 6 p. 10 l. de l.

27. Ste Therese qui délivre des ames du Purgatoire. T. *Exssimulat Christu*

Dominus... à peccatis ſalvantur. 2.
Mach. Cap. 12. S. à Bolſwert *Sculp.*
M. Vanden - Enden *Ex. Ant. C. P.*
Celles ſous l'adreſſe de G. Hendricx,
ſont poſtérieures. 16 p. 3 l. de h. ſur
12 p. 6 l. de l. B.

28. Le bas de la même Eſtampe eſt gravé, avec deux Anges aux deux côtés, qui délivrent des ames du Purgatoire. 5 pouces 5 lignes de large,
ſur 3 pouces 9 lignes de haut.

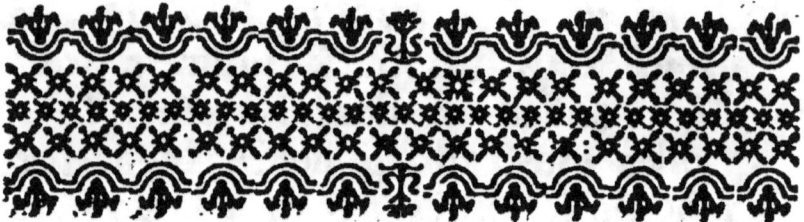

S U J E T S

DE LA FABLE.

1. **A**Nchife qui conduit Enée aux Enfers, fans titre. Luc. Vorfter-man Junior *fecit*. F. Vanden-Wingaerde *Ex.* 10 pouces 7 lignes de haut, fur 8 pouces 5 lignes de large.

2. Apollon & Daphné, fans titre. G. Panneels *fecit* 1631. 5 p. 7 l. de h. fur 3 p. 4 l. de l.

3. Achille à la Cour de Lycomede, re-connu par Ulifle déguifé en Marchand, qui préfente des bijoux aux Princef-fes. Il y a fix vers : *Ecce puellares ocu-los. . . ad arma manu.* Corn. Viffcher *Sculp.* P. Soutman *Ex. C. P.* 19 p. 9 l. de h. fur 16 p. 5 l. de l. B. R.

4. Cette même compofition eft gravée par N. Ryckmans, avec le même vers.

5. Elle eft encore gravée à l'eau forte ;

sans titre, & sans nom de Graveur.
17 p. 5 l. de h. sur 13 p. 3 l. de l.

6. Le même sujet est encore gravé avec
quelques changemens dans le fond.
On a suprimé le casque qui est au bas
de l'Estampe ; & celle-ci paroît copié,
parce qu'elle est d'un autre côté. Ces
trois dernieres Estampes sont Rares.

7. Bacchanale , ou Bacchus ivre est
soutenu par des Satyres & des Bac-
chantes. Il y a une *Bacchante* qui dort,
en allaitant deux petits Satires. Sans
titre. G. Panneels *fecit.* F. V. W. *Ex*
5 p. 7 l. de l. sur 5 p. 1 l. de h.

8. Autre Bacchanale. T. *Visus hebet , fu-
mant... pes animusve suum.* J. S. S.
Sculp. est le nom de J. Suyderhoef en
abrégé. 12 p. 9 l. de h. sur 10 p. 4 l.
de l. B.

9. Bacchus ivre , soutenu par un Satire
& un Maure ; le Maure tient une coupe à la main. Sans titre & sans nom de
Graveur. Il est gravé par J. Suyderhoef. P. Soutman *Ex. C. P.* 11 p. 3
l. de h. sur 10 p. de l. B.

10. Bacchanale. T. *Luctantur gressus ,
cerebro vindemia seruet.* Rich. Van-Or-
lei *fecit.* 13 p. 11 l. de h. sur 10 p. 10
l. de l.

11. Des Nymphes surprises par des Sa-

tires qui veulent les enlever, fans nom
de Peintre & de Graveur. Il eft fûr
que c'eft Fr. Ant. Lorenzini qui a
gravé cette Eftampe : elle eft du Cabinet du Grand Duc. 38 p. 4 l. de l.
fur 21 p. 3 l. de h.

12. Combat d'Hercule, gravé en taille
de bois, fans titre. Chrif. Jegher
Sculp. Ex. C. P. 24 p. 4 l. de h. fur
13 p. 3 l. de l. B.

13. Chûte de Phaeton en plafond, fans
titre. G. Panneels *fecit.* 7 p. 2 l. de h.
fur 6 p. 4 l. de l.

14. L'Enlévement de Proferpine. Il y a
quatre vers : *Incerta volucri fertur. . . .*
fundit inanes. C. P. fans nom de Graveur. 10 p. 9 l. de l. fur 7 p. 4 l.
de h.

15. L'Enlévement d'Hippodamie, ou
Combat des Lapithes. Il y a huit
vers : *Duxerat Hyppodamen. . . erat ur-*
bis imago. Ovid. Met L. 12 P. de
Balliu *Sculp.* Nic. Lauwers *Ex. C. P.*
16 p. 2 l. de l. fur 13 p. 2 l. de h. B.

16. Jupiter & Mercure fous la forme
humaine, font rejettés de tous les habitans de la Phrigie, excepté de Philemon & de Baucis qui leur donnent
l'Hofpitalité. T. *Baucis & Philemon...*
Mercurio invifuntur. fans nom de

Graveur. J. Meyſens *Ex.* 14 p. 6 l. de l. ſur 10 p. 6 l. de h.

17. Jugement de Paris. Titre & Dédicace : *Detur pulcherrima : Poſſidenti L. M. D. C. Q. Ægidius Hendricx.* A. Lommelin *Sculp.* Il faut avoir cette Eſtampe, avant la Dédicace, & elle eſt encore très-rare avec la Dédicace. 22 p. 10 l. de l. ſur 16 p. de h.

18. La même Compoſition eſt gravée à l'eau forte par P. F. Tardieu, & terminée au burin par P. E. Moite. Il y a pour titre : *Le Jugement de Paris, gravé d'après le Tableau original de 23 pouces de largeur, ſur 18 de hauteur, qui eſt dans la Galerie de S. E. Monſeigneur le Comte de BRUHL, Chevalier de l'Ordre de l'Aigle Blanc, & premier Miniſtre de Sa Majeſté le Roi de Pologne, Electeur de Saxe, 1750.* La planche eſt en Saxe.

19. Ixion trompé par Junon. T. *Viro ingenii ſubtilitate &c. affectu benevolenter inſcribit.* P. Van Sompel *Sculp.* P. Soutman *Ex. C. P.* 12 p. 1 l. de l. ſur 8 p. 7 l. de h. B. R.

20. Jupiter & Junon ſur des nuées, dans un ovale ; ſans titre. G. Panneels *fecit* 1637. F. V. W. *Ex.* 11 p. de h. ſur 7 p. 5 l. de l.

21. L'Assemblée des Dieux, en plafond, dans une bordure ovale, sans
titre. Luc. Vorstermans Jun *Sculp.*
F. Vanden-Vyngaerde *Ex. Ant.* 6 p.
5 l. de h. sur 5 p. 4 l. de l.

22. Les trois Graces en deux planches :
La seconde planche représente la terre. Il y a quatre vers : *Tu sola créato-*
rum. . . . Excepto conservatore Deo
Corn. Van-Dalen Junior *Sculp.* A.
Blotelingh *Ex.* 22 p. 4 l. de h. sur 15
p. 6 l. de l.

23. Les trois Graces. T. *Gratia decen-*
tes alterno terram quatiunt pede. Horat.
P. de Jode *Sculp.* F. Vanden-Enden
Ex. 16 p. 8 l. de h. sur 12 p. 7 l. de
l. B.

24. L'Alliance de Neptune & de Cibel-
le, sans titre. P. de Jode *Sculp.* G.
Hendricx *Ex.* 15 p. 3 l. de h. sur 11
p. 8 l. de l.

25. Les Nôces de Thetis & de Pelée,
sans titre. F. Vanden-Wyngaerde *fe-*
cit. & Ex. C. P. 15 p. 1 l. de l sur
10 p. 7 l. de h.

26. La Naissance d'Eresicthon. T. *Ora*
Miron, humeros. . . . fingere nemo po-
test. P. Van-Sompel *Sculp.* P. Soutman *Ex. C. P.* 17 p. 9 l. de l. sur 12
p. 4 l. de h. B. R.

27.

27. Mars & Venus : gravé à l'eau forte, fans titre, & fans nom de Graveur..16 p. 9 l. de h. fur 14 p. 2 l. de l. Oeuvre du Roi. T. R.

28. Méléagre qui préfente la hure du Sanglier à Atalante. T. *Robora fœmineis. . . . fape virilia cedunt.* J. Mèyfens *fecit & Ex.* 11 p. de h. fur 8 p. 3 l. de l.

29. La même Compofition gravée par Bartfch. 12 p. 6 l. de h. fur 11 p. 3 l. de l. R.

30 Méléagre qui préfente la hure du Sanglier à Atalante. T. *Atque ita fume. . . . Erat agmine murmur. Ovid. Met. Lib. 6.* Corn. Bloemaert *Sculp. & Ex.* 7 p. 6 l. de h. fur 6 p. de l. B.

31. Méléagre qui préfente la hure du Sanglier à Atalante, fans titre. G. Panneels *fecit.* 4 p. 9 l. de l. fur 3 p. 2 l. de h.

32. Pluton qui enléve Proferpine : gravé en taille de bois, fans titre, & fans nom de Graveur. 16 p. 8 l. de h. fur 12 p. 10 l. de l.

33. Pomone qui tient une corne d'abondance, & accompagnée de deux Nymphes, fans titre. Van-Keffel *fecit aquâ forti.* G. Hendricx *Ex. Ant.* 14 p. 10 l. de h. fur 11 p. 10 l. de l.

F

34. Progné qui fait voir la tête de fon fils, dont elle à fait manger le corps à fon Mari. Il y a un titre, & quatre vers : *Prognes Ityn filium . . . in ora patris. Ovid. Met. Lib.* 6. Galle *Ex.* fans nom de Graveur. 18 p. 11 l. de l. fur 13 p. 9 l. de h. B.

35. Repas où il y a un Faune ivre, appuyé fur un Tigre, fans titre. Franc. Vanden-Wyngaerde *fecit aquâ forti Ex. Ant.* 15 p. 4 l. de h. fur 10 p. 11 l. de h. B.

36. Repos de Diane. Déd. *Suam Dianam . . . &c. P. Soutman Confecrat.* J. Louys *Sculp.* P. Soutman *Ex. C. P.* 14 p. 9 l. de l. fur 11 p. 11 l. de h. B. R.

37. Silene ivre, foutenu par des Satires. T. *Silenum patrem Bacchi . . . tabella hæc exhibet.* P. Soutman *effigiavit. C. P. A°.* 1642. 17 p. 11 l. de l. fur 15 p. 8 l. de h.

38. Cette même Eſtampe eſt gravée avec peu de changemens, & de l'autre côté, avec le même titre, fans nom de Graveur. 14 p. 1 l. de l. fur 6 p. 10 l. de h. R.

39. Silene. Il y a quatre vers : *Ebrietas mentis membrorumque . . . provocat ante diem.* S. à Bolſwert. *D. D. F. H. D.*

Ex. 15 p. 3. l. de h. sur 12 p. 1 l. de l. B. T. R.

40. Cette méme Estampe est gravée en taille de bois par Chris. Jegher *Ex. C. P.* 15 p. 10 l. de h. sur 12 p. 4 l. de l.

41. Triomphe de Bacchus, monté sur un âne. Il y a six vers : *Ecce quid immodicus... segnis, impetuosus, iners.* Jo. Popels *fecit.* 14 p. 4 l. de l. sur 11 p. 5 l. de h.

42. Triomphe de Venus. Il y a un titre & une Dédicace : *Venus orta mari... Franciscus Vanden - Enden.* P. de Jode *Sculp.* Mart. Vanden-Enden *Ex.* 19 p. 2 l. de l. sur 13 p. 8 l. de h. R.

43. Une Nymphe endormie qu'un Satire découvre, sans titre. G. Panneels *fecit.* F. V. W. *Ex.* 5 p. 11 l. de h. sur 4 p. 5 l. de l.

44. Un Retour de Chasse, où sont des Nymphes qui tiennent du gibier, & des Satires chargés de fruits & de raisins. T. *Sic vobis lassa... poma feraque boue.* S. à Bolswert *Sculp.* G. Hendricx *Ex. Ant.* 12 p. 11 l. de l. sur 10 p. 10 l. de h.

45. Un Satire qui presse une grape de raisin au-dessus d'un pot. Il y a un Lion qui paroît vouloir manger du

raisin, & un autre qui dort. Vorsterman *Sculp.* Fran. Vanden-Wyngaerde *Ex.* 12 p. 2 l. de h. sur 7 p. 6 l.
de l.

46. Un Satire qui tient une corbeille
pleine de raisins, & de fruits : il est
accompagné d'une Nymphe. T. *Me-
ro & libidini. . . sola mea voluptas.*
Alex. Voet Junior *Sculp. & Ex. Am.*
17 p. 3 l. de l. sur 14 p. 2 l. de h.
B. R.

47 Un Fleuve, sans titre & sans nom
de Graveur. 3 p. 3 l. de h. sur 2 p.
4 l. de l. R.

48. Venus sur les Eaux. T. *Venus orta
mari.* P. Soutman *delin. & ex. C. P.*
17 p. 10 l de l. sur 14 p. 2 l. de h.
T. R.

49. Venus qui alaite de petits Amours.
T. *Crescetis Amores.* Corn. Galle *Sculp.*
7 p. 6 l. de l. sur 6 p. 2 l. de h.

50. Le même sujet a été gravé par M.
Surugue, avec quelque augmenta-
tion dans le fond. 10 p. 10 l. de l. sur
8 p. 2 l. de h. B.

51. Venus à sa toillette, ou l'Amour soutient son miroir, sans titre. G. Panneels *fecit.* F. V. W. *Ex.* 5 p. 8 l. de
h. sur 3 p. 6 l. de l.

52. Venus qui pleure la mort d'Ado-

nis, sans titre. G. Panneels *fecit*. F.
Wyn. *Ex.* 4 p. de h. sur 2 p. 9 l. de l.

53. Un Centaure qui enléve une femme,
sans titre. Panneels *Sculp.* 6 p. 1 l. de
h. sur 5 p. de l. T. R.

54. Un Satire qui tient deux flutes,
dont il joue, sans noms de Peintre &
de Graveur. 6 p. 5 l. de h. sur 3 p.
10 l. de l. Oeuvre du Roi. T. R. D.

55. Venus & Adonis, sans titre & sans
nom de Peintre & de Graveur. Il est
sûr que c'est Fr. Ant. *Lorenzini* qui a
gravé ce sujet du Cabinet du Grand
Duc. 38 pouces 6 lignes de largeur,
sur 21 pouces 1 ligne de haut.

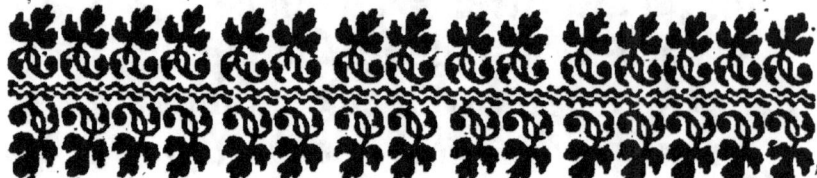

SUJETS

HISTORIQUES,

ALLEGORIQUES,

ET

AUTRES,

1. BAtaille de Conſtantin contre Maxence. Il y a un titre & une Déd, *Maxence épouvanté n'oſant*........ *La petite Flandre.* Balt. Moncornet *Ex. C. P. R.* 23 p. 7 l. de l. ſur 14 p. 7 l. de h.

2. Bataille de Conſtantin contre Maxence. Il y a un titre & une Déd. *Conſtantin agité... La petite Flandre.* Balt. Moncornet *Ex. C. P. R.* 26 p. 6 l. de l. ſur 13 p. 6 l. de h,

3. Combat des Amazones. Déd. *Excellentiſſima Heroina Alathia... Petrus Paulus Rubens. L. M. D. D.* Lucas

Vorstermans *Sculp. Cum Privilegio Regis Christianissimi, Principum Belgarum, & Ordinum Bataviæ. C. P. R. C. P. R. & O. R.* 44 p. de l. sur 31 p. de h. B. R.

4. Continence de Scipion. *T. Scipio Africanus.... Valer. Max. Lib. 4. de Abstinentia & continentia.* S. à Bolswert *Sculp.* G. Hendrix *Ex. Ant. R.* 21 p. 6 l. de l. sur 14 p. 8 l. de h.

5. Cambise Roi de Perse, après avoir fait écorcher vif le mauvais Juge, fait mettre sa peau sur son tribunal, y fait asseoir le fils de ce Juge, & le fait Juge lui-même. Rem. Eynhovedts *fecit*. 10 p. de h. sur 10 p. de l. R.

6. Des Armes qui ont pour Blazon une Levrette, & deux Cors-de-Chasse. Il y a deux femmes pour supports, & deux enfans au-dessus qui tiennent chacun un Cartouche armoirié. Lommelin *Sculp.* 13 p. 9 l. de l. sur 11 p. 5 l. de h. T. R. Oeuvre du Roi.

7. Des Armes qui ont pour Blazon trois coquilles : à chaque côté du Cartouche, il y en a quatre, avec un arbre & un pannier rempli de fruits. 14 p. 4 l. de l. sur 10 p. 8 l. de h. T. R. Oeuvre du Roi.

8. Figure seule dessinée par Rubens d'a-

près une Agate antique. Elle représente le Gouvernement & la Prudence. Luc. Vorstermans *Sculp.* 9 p. de h. sur 6 p. 11 l. de l.

9. Jules César sortant d'une nacelle, & abordant à Adrumete. Il arrête par le bras un homme à côté duquel est un Lion, & qui a trois serpents à ses pieds. Sujet Allégorique qui désigne la Conquête de l'Afrique, sans nom de Peintre. T. *Teneo te Africa : Quasi jam non littoris arenam, sed Regionis imperium in manibus haberet.* J. Neef *Sculp.* 13 p. 4 l. de h. sur 10 p. de l. T. R.

10. Jeu d'Enfants dans une frise, lequel représente l'Automne. Luc. Vorsterman Junior *Sculp.* Fr. Venden Wyngaerde *Ex.* 14 p. 1 l. de l. sur 2 p. 1 l. de h. T. R.

11. Le Temps qui couronne le Travail, & qui punit la Fainéantise. T. *Tempus.* Il y a quatre vers : *Dum tempus viresque... invenit ecce manus.* Ant. Couchet *Sculp.* G. Hendricx *Ex.* 14 p. 10 l. de h. sur 12 p. 6 l. de l.

12. La Justice, la Prudence, & le Gouvernement : dessiné d'après une Agate Antique. T. *Regimen.* P. de Jode *Sculp.* G. Hendricx. *Ex.* 8 p. 7 l. de h. sur 6 p. 7 l. de l.

13. La Converſation, en deux feuilles, gravées en taille de bois. Chriſ. Jegher *Sculp. Ex. C. P.* 42 p. de l. ſur 16 p. 8 l. de h.

14. La Converſation. Il y a vingt-quatre vers, & une Déd. Rumoldus-Vande-Velde. P. Clouvet *Sculp.* Rombboudt Vande-Velde *Ex.* Après avoir fait tirer un petit nombre d'épreuves de cette Eſtampe, on l'a fait réimprimer avec des Vers François par derriere. Les Epreuves en ſont toujours belles. La troiſiéme Edition a été imprimée ſans vers; enſuite la planche a appartenue à Cor. Van-Merlen qui l'a fait retoucher. 22 p. 9 l. de l. ſur 15 p. 2 l. de h. B. R.

15. La Charité Romaine. Il y a une Déd. & quatre Vers : *Perilluſtri ac Reverendiſſimo... filia faſta parens.* C. Van-Caukerchen *fecit & Ex.* Gaſp. de Hollander *Ex. Ant.* 15 p. 5 l. de l. ſur 12 p. de h. B.

16. La Charité Romaine, ſans titre. G. Panneels *fecit* F. V. W. *Ex.* 5 p. 2 l. de h. ſur 3 p. 5 l. de l.

17. La Charité Romaine. T. *En pia nata... Carcere preſſus erat.* Alex. Voet Junior *Sculp. & Ex.* 11 p. 1 l. de l. ſur 6 p. 5 l. de h.

18. La Vieille, le Soldat, & la Signora. Il y a six Vers : *Fault faire courir...avés mine defcroqueur.* R. Perfyn. *fecit.* Il faut l'avoir avant l'adreffe de Mariette R. 8 p. 3 l. de l. fur 6 p. 2 l. de h.

19. La Broyeufe de couleurs. Il y a dans le fond un Tableau fur un chevalet, & au bas de l'Eftampe deux Enfans, dont un deffine, fans nom de Peintre. Corn. Galle *Sculp.* 9 p. 6 l. de h. fur 7 p. 2 l. de l.

20 L'Abondance : gravé à l'eau forte, & croqué, fans nom de Peintre & de Graveur. 3 p 9 l. de h. fur 2 p. 8 l de l.

21. La Famine. Gravé à l'eau forte, & croqué, fans nom de Peintre & de Graveur. Cette planche & la précédente font de même grandeur, & de l'Oeuvre de M. Mariette. T. R.

22. Orphée qui tire fa femme des Enfers. Il y a quatre vers : *Une Mufique douce. . . feroit aboyer Cerbere.* Gravé par L. Defplaces, & fe vend chez lui. 16 p. 5 l. de l. fur 12 p. 1 l. de h.

23. Repas & Bacchanale, où un Soldat donne des coups d'hallebarde à deux hommes, fans titre. F. Vandeu-Wyngaerde *fecit & Ex.* 12 p. 11 l. de l. fur 9 p. de h.

24 Romus & Romulus allaités par une Louve Il y a quatre Vers, & une Déd. *Noſtris naturam avida*... D'Egmont *Piĉlor Regius. C. P. R. G.* 15 p. de l. ſur 10 p. 4 l. de h.

25. Seneque que l'on ſaigne. T. *Lucius Annius Seneca.* Alex. Voet Junior *Sculp. & Ex.* 14 p. 4 l. de h. ſur 9 p. 10 l. de l.

26. On a gravé Seneque ſeul , ſans titre. Corn. Galle. *Sculp.* 12 p. 4 l. de h. ſur 7 p. 4 l. de l.

27. Sujet Allégorique qui repréſente la Paix. La principale figure , eſt l'Eloquence couronnée par la Victoire , ſoutenue par la Force & la Juſtice, & accompagnée de l'Abondance & de Mercure. Il y a quatre Genies ſur le devant de l'Eſtampe , & un du côté droit qui brûle les Inſtrumens de la Guerre ; près de ce dernier ſont deux Eſclaves enchaînés. Sans nom de ! eintre ni de Graveur, & gravé à l'eau forte, dans le goût de Rem..ldus. 15. p. de l. ſur 9 p. 9 l. de h. T. R. Oeuvre du Roi.

28. Trois Figures de Femmes habillées, qui paroiſſent repréſenter les trois Graces : elles ſe ſoutiennent l'une l'autre par les bras qu'elles ont entrelaçés.

Il y a cinq petits Amours, dont un couronne la femme du milieu, & un autre une couronne à la main, paroît conduire les Graces. Des trois autres qui sont sur le devant ; l'un tient un carquois, & un autre soutient un pannier de fleurs. Cette Estampe est croquée, & gravée à l'eau forte, sans nom de Peintre ni de Graveur. T. R. Oeuvre du Roi. 9 p. 4 l. de l. sur 8 p. 2 l. de h.

29. Thomiris. T. *Satia te sanguine quem semper suisti.* P. Pontius *Sculp. C. P. R. C. S. I. & O. C.* Les Epreuves sous l'adresse de Corn. Van-Merlen sont retouchées. 21 p. 5 l. de l. sur 14 p. 3 l. de h. B. R.

30. Trophée à la gloire de Constantin. Il y a six Vers & une Déd. *Rome goûtant le fruict. . . la petite Flandre.* Balt. Moncornet *Ex. C. P. R.* sans nom de Graveur. 13 p. 2 l. de h. sur 10 p 8 l. de l.

31. Un Plafond peint dans le Palais du Roi d'Angleterre, gravé en trois feuilles par Gribelin. Il y a cinq lignes d'écriture. Il se vend en Angleterre, chez ledit Gribelin.

32. Une These où est un St François qui porte trois boules sur ses épaules. J. C. est sur une des boules.

33.

33. Une Thefe de Theologie, dédiée par Henri de Bourbon, Evêque de Metz, à Louis XIII. Le Roi eft repréfenté fur un Quadrige ou Char de triomphe, attelé de quatre chevaux. La Victoire le couronne. Les chevaux foulent aux pieds l'Erreur, l'Hypocrifie, la Rébellion. Le Char femble fortir d'un arc de Triomphe décoré de deux Statues qui repréfentent la Religion & la Piété, & rempli de Figures & des Génies fymboliques qui foutiennent de Cartouches. Les ornemens qui accompagnent les Pofitions de la Thefe, font les Conquêtes de Louis XIII. défignées par des Plans de Places, qui font foute...par divers Génies. Le bas de la Thefe eft terminé par deux grandes Figures qui repréfentent la Terre & la Mer.

34. Une Thefe de Philofophie qui repréfente l'Aſſemblée des Dieux. Dédic. *Urbano VIIIo. Pont. Maxi.* P. Pontius *Sculp.* 33 p. 2 l. de h. fur 22 p. 1 l. de l.

35. Une Tête de vieillard, avec une grande barbe, gravé en taille de bois, fans nom de Peintre ni de Graveur. 4 p. 11 l. de h. fur 3 p. 8 l. de l.

G

36. Une Tête de vieillard gravée en maniere noire d'après un deſſein, ſans
nom de Peintre ni de Graveur. 7 p. 5.
l. de h. ſur 5 p. 2 l. de l. Oeuvre de
M. Mariette. R.

37. Un Sujet de quatre Figures à demi
corps. Une femme qui tient la main
d'une autre , paroît vouloir lui mettre une bague au doigt ; derriere elles
ſont deux eſpéces de Soldats qui en
montrent chacun une au doigt , ſans
nom de Peintre ni de Graveur. 10 p.
2 l. de l. ſur 7 p. 2 l. de h. Oeuvre de
M. Mariette. T. R.

38. Un tombeau repréſentant un Prêtre
en aube & chaſuble , ſans titre & ſans
nom de Peintre ni de Graveur. 8 p. 8
l. de l. ſur 4 p. 4 l. de h. T. R. Oeuvre du Roi.

39. Une friſe ou les quatre Saiſons ſont
repréſentées par des enfans. Il y a
des animaux qui tirent un Char, ſur
lequel eſt un autre enfant. Lucas Vorſterman Junior Sculp. Fr. Vanden-
Wyngaerde Ex. 14 p. 1 l. de l. ſur 2
p. 9 l. de h. R.

40. Une Danſe gravée à l'eau forte,
par Leo-Van-Heil. Cette Danſe eſt la

même qui se trouve dans la suite des petits paysages de Rubens, gravée par S. à Bolswert; si ce n'est qu'on a suprimé le paysage & la terrasse.

41. Une Cavalcade du Grand Turc. T. *Heu quantus armis... Imperium reparate Graiis.* P. Soutman *fecit & ex.* C. P. 10 p. 8 l. de h. sur 8 p. de l.

42. Une femme qui tient un pot à anse d'une main, & de l'autre une chandelle allumée, à laquelle un jeune garçon veut allumer la sienne; derriere lui est un Squelette. Ded. *In aula Reverendissimi...* P. P. Rubens *inv.* 1631. F. V. Wyngaerde *Ex.* 7p. 7 l. de h. sur 6 p. 2 l. de l. T. R.

43. Une femme qui tient une chandelle allumée, à laquelle un jeune garçon veut allumer la sienne. T. *Quis vetet apposito... deperit inde nihil.* Sans nom de Graveur : on l'attribue à Corn. Vischer. 8 p. de h. sur 7 p. de l. B. R.

44. Une Vieille qui tient un pot à anse, d'où un petit garçon tire un charbon : sans titre. V. de Piort *Sculp.* 6 p. 5 l. de h. sur 4 p. 11 l. de l. T. R.

45. Un Berger qui étouffe un Lion. Il y a dans l'Estampe un autre Lion mort, un Mouton étranglé, & dans

le lointain un troupeau de Moutons:
fans titre. l'anneels *Sculp.* 5 p. 2 l. de
l. fur 3 p. 10 l. de h.

46 Un Berger & une Bergere qui fe
tiennent la main ; le Berger à fa hou-
lette à fes pieds. Il y a dans le lointain de l'Eſtampe des moutons , une
chevre & quelques maifons : fans nom
de Peintre ni de Graveur , & fans titre. 6 p. 7 l. de h. fur 5 p. 5 l. de l.
T. R.

47. Trois Bergers , & trois Bergeres en-
femble : un des Bergers veut mettre
la main fous la jupe d'une, une Bergere arrache la joue d'un autre Berger
qui veut la careffer , & le troiſiéme
Berger joue de la Mufette. Il y a fix
vers : *Ne penfe pas. . . par le vent.* Sans
nom de Peintre. J. Thomas *fecit.* 13
p. 1 l. de l. fur 6 p. 3 l. de h. R.

48. Une planche fur laquelle eſt gravée
une affiete , dont le milieu repréfente
un triomphe de Galatée , avec un pot
fur lequel il y a un basrelief qui repréfente le Jugement de Paris , & un autre basrelief qui repréfente encore un
autre Jugement de Paris. Theod. Ro-
giers *celavit argento* Jacob. Neffs *fecit*
aquâ forti. G. Hendricx *exc. Ant.* 17
p. 6 l. de l. fur 13 p. 7 l. de h. R.

49. Une Vieille à sa toillette. Il y a un jeune homme qui lui tient son miroir, & une fille qui lui met une aigrette. On attribue à tort cette composition à Rubens, & la gravure à Cor. Vill-cher : elle est sûrement de J. Lys, & l'Estampe est du Cabinet de Reynst.

50. Deux Enfans qui jouent avec des Tigres, & qui leur montrent des gra-pes de raisin : il y a un fond de Paysa-ge. W. Hollard *fecit.* 7 pouces 6 li-gues de largeur, sur 5 pouces de haut.

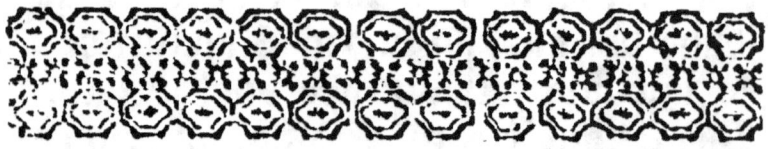

PORTRAITS.

1. **P** Etrus Paulus Rubens. Paulus Pontius *Sculp. & ex. C. P.* 13 pouces 7 lignes de haut, sur 9 pouces 11 lignes de largeur. B. R.

2. Le Portrait de Rubens dans une bordure ovale. T. *Excellentiffimus Dominas D. Petrus Paulus Rubens.* Il y a encore trois lignes d'écriture au bas de la planche. Hollar *fecit.* F. Vanden-Vyngaerde *Ex.* 8 p. 2 l. de h. sur 6 p. 9 l. de l.

3. Le même Portrait a été gravée avec le même titre dans une bordure octogone. *Fecit D. V. Studiofiffimus G. Panneels* 1630. 4 p. 11 l. de h. sur 4 p. 2 l. de l.

4. Titre de Livre, dans lequel est le Portrait de + Rubens, & où il est écrit: *Piis Manibus Philippi Rubeni Sacr.* Corn. Galle *Sculp.* 7 p. 7 l. dé h. sur 4 p. 10 l. de l. B.

5. *Carolus de Longueval Eques Velleris aurei Comes de Busquoy, Cæsarei exercitus*

Archiſtrategus, Tormentorum Bellicorum in Belgio Præfectus, Comit. Hannoniæ Gubernator, &c. Luc. Vorſterman Sculp. & exc. C. P. 21 p. 10 l. de h. ſur 17 p. 7 l. de l. B. R.

6. *Excellentiſſimus Dominus Gaſpar Guſman Comes Olivarienſis, Dux Saulucarienſis de Alpizin &c. Virtute & fama inclytus.* Il y a douze vers au bas du Portrait: *Batis oliviſera.... in orbe comas.* P. Pontius *Sculp.* C. P. La barbe a été allongée. Pour l'avoir des premieres Epreuves, il faut qu'elle n'aille que juſqu'au rabat. 22 p. 2 l. de h. ſur 16 p. 3 l. de l. R. B.

7. Autre Portrait au haut duquel eſt écrit : *D. Iſabella Clara Eugenia Hiſpaniarum Infans, &c.* Au bas il y a huit vers : *Cæſaribus proavis... Clara Iſabella, tuis.* P. Pontius *Sculp.* 21 p. 2 l. de h. ſur 15 p. 8 l. de l. B.

8. Ce même Portrait a été gravé ſans mains dans une bordure ovale, avec cette inſcription : *D. Iſabella Clara Eugenia Hiſpaniarum infans, &c.* Il y a huit vers au bas : *O Clara, quæ prognata Claro... G. O. D. Genader.* Sans nom de Graveur. 13 p. 3 l. de h. ſur 10 p. 7 l. de l.

9. *Iſabella Clara Eugenia Conjux Alberti,*

Hispaniarum Infans, Sereniſſima & Potentiſſima Belgarum & Burgundionum Princeps. J. Suyderhoef *Sculp.* 14 p. 9 l. de h. ſur 9 p. 10 l. de l.

10. Titre de Livre où eſt écrit : *la Peinture de la Sereniſſima Princeſſe Iſabelle Claire Eugenie, Infante d'Eſpagne.* Corn. Galle *Sculp.* 6 p. 10 l. de h. ſur 4 p. 11 l. de l. B.

11. *Sereniſſima Iſabella Clara Eugenia, Infanti Hiſpaniarum, Principi & Domina Belgarum,* J. Muller *Sculptor devotionis ergo D. D. C. P.* 13 p. 11 l. de h. ſur 10 p. 7 l. de l. B.

12. *Iſabella Clara Eugenia.* Ce Portrait eſt dans une bordure ovale. Il y a deux enfans, dont l'un tient une couronne, & l'autre des Armes : ſans nom de Graveur ni de Peintre. 5 p. 1 l. de h. ſur 3 p. 8 l. de l.

13. *Philippus IV. Hiſpaniarum Indiarumque Rex Cathol. P. P.* Ce Portrait eſt au titre du *Recueil de l'Entrée de l'Infant.* Sans nom de Graveur. 17 p. 10 l. de h. ſur 11 p. 11 l. de l.

14. *D. Philippo IV. Auſtrio Hiſpaniarum &c. Dedicabat Paulus Pontius Antuerpianus.* Ce Portrait eſt dans une bordure ceintrée. 16 p. 4 l. de h. ſur 2 p. 2 l. de l.

15. Le même Portrait est gravé dans une bordure ovale, sans nom de Graveur. 14 p. de h. sur 12 p. 2 l. de l.

16. *D. Elisabetha Borbonia, Principi Serenissima, D. Philippi IV. Hispaniarum Indiarumque Regis Conjugi incomparabili Dedic. P. Pontius Sculptor.* Ce Portrait est le pendant du précédent. 16 p. 5 l. de h. sur 12 p. 3 l. de l.

17. *Philippus IV. Philippi III. Fil. N. Rec. . . incredibili omnium gaudio A° 1648.* Ce Portrait est le dernier de la suite des trente-huit des Comtes de Flandres, gravés par Corn. Visscher.

18. *Philippus IV. Catholicus Hispaniarum Rex & Indiarum Novique Orbis Monarcha Potentissimus.* J. Louis *Sculp.* 14 p. 9 l. de h. sur 10 p. de l.

19. *Elizabetha Philippi IV. Uxor Hispaniarum, Indiarum, & Novi Orbis Regina Potentissima.* J. Louis *Sculp.* 14 p. 9 l. de h. sur 10 p. de l.

20. Le Portrait de Ferdinand à cheval: La Victoire & la Renommée le Couronnent. Il y a dans l'Estampe & à la marge trente-sept vers : *Sta, quisquis es. . . Erem. S. Augustini.* Anton. Vanden-Enden *Ex. C. P.* 14 p. 2 l. de h. sur 11 p. 2 l. de l.

21. Le Portrait de Ferdinand à cheval,

allant au combat. Il y a quatre vers :
Cœli Progenies. . . . . spirat in effigie. P.
Pontius *Sculp.* 16 p. 7 l. de h. sur 11
p. 11 l. de l.

22. *S. Ferdinandum Hispaniarum Regem,*
hujus nominis tertium, Barbarorum ter-
rorem, Catholicorum Præsidium, Pa-
triæ Propugnatorem. A la suite du titre
est cette Déd. *Illustrissimo Domino. . . .*
consecrat C. Galle Ex. Ant. 15 p. 5 l.
de h. sur 12 p. de l.

23. Tit. & Déd. *S. Ferdinandum Hispa-*
niarum Regem. . . Antuerpiæ C. Galle
Ex. 15 p. 7 l. de h. sur 12 p. de l.

24. Portrait de l'Infant, qui est dans le
Recueil de l'Entrée de ce Prince;
sans nom de Peintre ni de Graveur.
T. *Quam forti pectore & armis.* 13 p. 3
l. de h. sur 10 p. 3 l.

25. *Albertus Archidux Austriæ & Dux*
Burgundiæ & Serenis. Potentis. Princeps
Optimus. J. Suyderhoef *Sculp.* 14 p. 9
l. de h. sur 9 p. 9 l. de l.

26. *Maximilianus Archidux Austriæ, Dux*
Burgundiæ, & Serenissimus Teutonici
Ordinis Supremus Commendator. J. Suyderhoef *Sculp.* 14 p. 7 l. de h. sur 9 p.
10 l. de l. B.

27. *Ludovicus XIII. Christianissimus, Gal-*
liarum & Navarræ Rex Invictissimus. J.

Louis *Sculp.* 14 p. 12 l. de h. sur 10 p. de l.

28. *Anna Ludovici XIII. Uxor, Galliarum & Navarræ Regina Invictissima.* J. Louis *Sculp.* 14 p. 9 l. de h. sur 10 p. de l.

29. *Isabella Estensis Francisci Gonzagæ Marchio. Mantovae uxor. E Titiani prototypo P. P. Rubens exc.* C. P. 15 p. 1 l. de h. sur 12 p. 8 l. de l. Sans nom de Graveur B.

30. *Imp. Cæs Carolus V. Aug.* Il n'y a que la tête de peinte par Rubens. C. P. *E Titiani prototypo*, sans nom de Graveur. 15 p. 2 l. de h. sur 11 p. 9 l. de l.

31. *S. D. Cristoval Marquis de Castel-Rodr.* P. *Pontius Sculp.* 11 p. 6 l. de h. sur 8 p. de l. B.

32. *S. D. Manuel de Moura Cortereal,* Marq. de Castel-Rodrig. Gouverneur des Pays-Bas. P. *Pontius Sculp.* 11 p. 5 l. de h. sur 8 p. de l. B.

3. *Illustrissimus & excellentissimus Dominus Don Gasbar de Gusman, Magnus Cancellarius, &c.* Ce Portrait est Historié avec des Armes. Il y a au bas de la planche deux lignes d'écriture: *Q. Comitis dicit... Comitem atque Ducem.* Galle Junior *Sculp.* 9 p. 5 l. de h. sur 6 p. 2 l. de l.

34. *Wladiflaus Sigifmundus D. G. Poloniæ & Suecia Princeps , Elect. Magn. Dux Moſcovia , ſmol. Sever. Cerd. Dux.* P. Pontius *fecit. Anno* c ı ɔ. ı ɔ. xxıııı. *C. P. R. C. S. I. & O. C.* 10 p. 10 l. de h. ſur 7 p. 10 l. de l.

35. *Caſparius Gevartius Jo. F... Hiſtoriographus , Archigrammateus Antuerpianus.* P. Pontius *Sculp.* 10 p. 2 l. de h. ſur 7 p. 7 l. de l.

36. *Leonardus Leſſius è Societate Jeſu , S. Theologiæ Lovanienſis Profeſſor.* C. Galle *Sculp.* 10 p. 8 l. de h. ſur 6 p. 8 l. de l.

37. *Emanuel Suciro Eques Militiæ Domini Noſtri Jeſu Chriſti &c. ætat. Aº* 37. P. de Jode *Sculp.* 8 p. 11 l. de h. ſur 6 p. 3 l. de l.

38. *Gisberte de la Marche Epiſc. Leodienſis.* P. Van-Schuppe *Sculp.* 5 p. 2 l. de h. ſur 4 p. 2 l. de l. B.

39. *Illuſtriſſimus Princeps Ambroſius Spinola Marchio Seſtii & Venafri, Dux Sanſeverinus, Eques aurei Velleris, &c.* P. de Jode *Sculp.* 5 p. 5 l. de h. ſur 4 p. de l.

40. Le Portrait d'un Grand d'Eſpagne dans une ovale , dont la bordure porte cette inſcription : *Hoc virtutis opus.* Sans nom de Graveur. 3 p. de h. ſur 2 p. 6 l. de l.

41. Un Grand d'Eſpagne portant la Toiſon,

fon, dans une bordure ova'e, fans nom de Peintre ni de Graveur. 4 p. 5 l. de h. fur 3 p. 5 l. de l.

42. Un Portrait d'Abbé, demi-corps avec deux mains, fans fon nom, ni ceux du Peintre & du Graveur. 6 p. 6 l. de h. fur 4 p. 11 l. de l.

43. *Juſtus Lipſius.* Dans une bordure ovale, ornée de feuilles de laurier, avec des attributs, & deux cornes d'abondance. Cor. Galle *Sculp.* 10 p. 7 l. de h. fur 6 p. 10 l. de l.

44. *Edvardus Lupus in Oliſſiponenſi Eccleclefia muſices Præfectus :* fans nom de Graveur. 6 p. 8 l. de h. fur 4 p. 7 l. de l.

45. *Wolhegangus Wilhelmus D. G. Comes Palatinus Rheni, Dux Bavariæ, Juliæ Claviæ & Montium, &c.* Portrait dans une ovale. Jode *Ex.* 4 p. 8 l. de h. fur 3 p. 6 l. de l.

46. Le Portrait d'un Docteur de Louvain, dans une bordure ovale. J. Coelemans *Sculp.* 7 p. 6 l. de h. fur 6 p. 5 l. de l. Du Cabinet de Guille.

47. *D. Joannes Van-haure Wallæi Toparcha, vir Conſularis Gand.* Sans nom de Graveur. 7 p. 5 l. de h. fur 7 p. 10 l. de l.

48. Un Portrait dans une ovale avec des

H

cheveux courts, une petite barbe, &
une draperie fur les épaules, fans nom,
ni du Sujet, ni du Graveur. 2 p. 2 l.
de h. fur 1 p. 8 l. de l.

49. Le Portrait d'une femme affife, tenant d'une main une coupe, & coëffée
avec un bonnet & une aigrette de plu-
mes. Déd. *Viri Nobiliffimi. . . Franco-*
furti ad Mœnum 1631. G. Panneels
fecit. 6 p. 3 l. de h. fur 5 p. 2 l. de l.

50. *Cofmus Medices Pater Patriæ.* Luc.
Vorftermans *Sculp.* Ce Portrait eft
dans une bordure ronde. 4 p. 6 l. de h.
fur 4 p. 5 l. de l.

51. *Carolus Auftriacus, Infans Hifpania-*
rum, filius Philippi III. *natus anno*
1607, obiit Aº. Chrifti 1632. P. de
Jode *Ex.* 4 p. 3 l. de h. fur 3 p. 3 l.
de l.

52. *Leo X. Pont. Max. Medices Laur.*
F. Ce Portrait eft dans une bordure
ronde. Luc. Vorfterman *Sculp.* 4 p. 4 l.
de circonférence.

53. *Laurentius Medices Pet. F. Cofm. Nep.*
Ce Portrait eft dans une bordure ronde. Luc. Vorfterman *Sculp.* 4 p. 6 l.
de circonférence.

54. *Mutius Attendulus, cognomento* Sfortia.
C'eft un Portrait de profil, coëffé en
bonnet, dans un rond de 4 p. 11 l. de

circonférence, fans nom de Graveur.

55. *Philippo IV. Hifpaniarum & Indiarum Regi Catholico.* Sans nom de Peintre ni de Graveur. 4 p. de h. fur 3 p.
6 l. de l.

{ 56. *F. Marcellinus de Barca :*

{ 57. *F. Heliodorus de Barca.* Ces deux
Pendans qui repréfentent des Capu-
cins, font dans des bordures de même
grandeur, & fans nom de Graveur.
6 p. de h. fur 4 p. 3 l. de l.

58. Albert, *furnommé* le pieux, *Archiduc
d'Auftriche, fils de Maximilien II. frere
de Rodolphe II. & de Matthias I. Empereur, prit en Mariage Ifabelle Claire-
Eugenie, Infante d'Efpagne, laquelle
lui apporta en dot la Bourgogne & les
dix-fept Provinces. Il mourut fans hoirs
à Bruxelles l'an* 1621. *Enterré en l'E-
glife Collégiale de Sainte Gudule, dans
la Chapelle du St Sacrement de Mira-
cles.* P. de Jode Sculp. 5 p. 7 l. de h.
fur 4 p. 4 l. de l.

59. *Maximilianus Archidux Auftria.* Vorfterman. C. P. F. Vanden-Wyngaer-
de *Ex. Ant.* 5 p. 6 l. de h. fur 4 p. 11
l. de l.

60. *Sereniffimus Albertus, Archidux Auftria, Dux Burgundia, Princeps & Do-*

minus Belgarum : fans nom de Peintre ni de Graveur. Pet. de Jode *Ex. Obiit Anno Chrifti* 1621. 5 p. 8 l. de h. fur 4 p. 6 l. de l.

61. *Excellentiffimus Dominus D. Manuel de Moura Cortereal Marchio de Caftel-Rodrig. &c.* Sans nom de Peintre ni de Graveur. P. de Jode. 5 p. 5 l. de h. fur 4 p. 7 l. de l.

62. Un Portrait en clair-obfcur, fans nom. Chrift. Jegher *Sculp.* 10 p. 5 l. de h. fur 7 p. 10 l. de l.

63. *Ferdinandus II. Rom. Imp. Semp. Aug. G. H. B. Rex.* Gravé en taille de bois dans une bordure ronde. 5 p. 5 l. de h.

64. *Carolus V. Aug. Imp.* Gravé en taille de bois dans une bordure ronde de 5 pouces 8 lignes de haut.

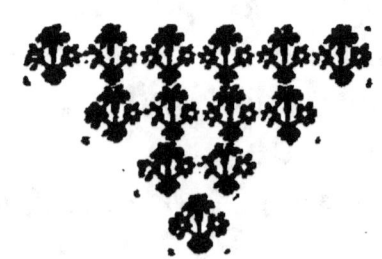

MÉDAILLES
PIERRES,
CORNALINES, ET ANTIQUES.

Gravées d'après les desseins de RUBENS.

1. CAmée de la Sainte Chapelle de Paris, dont on trouve la Description dans le Commentaire Historique de Tristan, & qui représente Tibere & tous les Princes & Princesses de sa Maison. Il est de forme presque ovale, & il y a dans la partie inférieure des Soldats qui reposent. 11 p. 4 l. de h. sur 9 p. 6 l. de l.

2. Camée qui est à Vienne dans la Galerie de l'Impératrice Reine de Hongrie, & dans lequel sont représentés Auguste, Livie, & tous les Princes de sa Maison. Il y a dans la partie inférieure de Soldats qui dressent un trophée.

3. Le Triomphe d'Auguste dans un Char,

H iij

auquel ſont attelés deux Centaures.
Cette planche qui n'a point été ache-
vée, eſt ceintrée par le haut & par
le bas. 10 p. 10 l. de l.

4. Triomphe d'un Empereur dans un
Quadrige, conduit par des chevaux
qui terraſſent des Nations : deux Vic-
toires conduiſent les chevaux. Ce Camée eſt de forme ovale. 8 p. 2 l. de l.
ſur 6 p. 6 l. de l. M. Mariette parle
de ces Eſtampes & des ouvrages pour
leſquels elles ont été faites, dans le
Traité des Pierres gravées qu'il vient
de donner au Public.

5. Outre les quatre Camées ci-deſſus,
il y a encore huit Eſtampes d'après
des Antiques que l'on joint à l'œuvre.
Elles ſont gravées par Cor. Galle, d'a-
près les deſſeins de Rubens, & tirées
du Livres intitulé, *De Re Veſtiaria Veterum. Antuerpiæ* 1665. *in* 4º. Cet ouvrage eſt d'Albert Rubens, fils de
Paul.

6. Deux Portraits dans une bordure ronde compoſée de feuilles de laurier &
de chéne, qui paroiſſent repréſenter
Ferdinand & ſon Epouſe. Il eſt écrit
au bas de la planche : *Quod enim præ-
ſtabilius aut pulchrius Dei munus, quam
caſti & ſanĉti Diviſque ſimillimi Prin-*

cipes ? Plin. Paneg. Trajan. La bordure eſt ronde de 2 p. 2 l. de h. & de l.

7. Un Portrait en caſque, & couronné de laurier dans une ovale : ſans nom de Graveur. 2 p. 11 l. de h. ſur 2 p. de l.

8. Un Portrait dans une ovale, avec des cheveux fort courts : une peau forme preſque tout l habillement. Sans nom, ni du Sujet, ni du Graveur. 4 p. 6 l. de h. ſur 4 p. 1 l. de l.

9. Quatre Portraits de profil ſur une même planche : ſçavoir, *Germanicus Cæſar, C. Cæſar Auguſti Nepos, Solon, & Socrate.* L. V. 5 p. 9 l. de h. ſur 4 p. 8 l. de l. B.

10. Quatre Portraits de profil ſur une même planche ; ſçavoir, *Plato, Nicias, Pallas, Alexandre le Grand.* L. V. F. 5 p. 3 l. de h. ſur 3 p. 10 l. de l. B.

11. Trois Portraits d'Empereurs de profil ſur une même planche. Il ſont dans des ovales ſéparées de 2 p. 11 l. de h. ſur 2 p. 3 l. de l. Je les crois gravés par L. Vorſterman. B.

12. Un Portrait de profil d'un Empereur couronné de laurier. Il a une cuiraſſe d'où ſortent des ſerpens, ſans

nom de Graveur. 4 p. de h. fur 3 de l.

13. Trois Portraits de profil fur une même planche, dont un couronné de laurier, dans une ovale : deux cornes d'abondance terminent le bufte, & il en fort deux buftes d'enfans. 3 p 10 l. de h. fur 3 p. 2 l. de l. Les deux Portraits au-deffus font ronds : l'un eft couronné de laurier, & l'autre eft décoré d'une corne qui lui tourne autour de l'oreille ; fans nom de l'Peintre, ni de Graveur. 4 p. 2 l. de h. & de l.

14. Un Portrait de profil, qui a une efpéce de bonnet d'où fort une corne. Il eft dans une ovale, fans nom de Peintre ni de Graveur. 2 p. 5 l. de h. fur 1 p. 9 l. de l.

15. *Plato Ariftonis F.* Luc. Vorfterman *Sculp.* 4 p. 10 l. de h. fur 3 p. 2 l. de l. B.

16. *L. Annaus Seneca.* Luc. Vorfterman *Sculp.* 4 p. 10 l. de h. fur 3 p. 6 l. de l. R.

17. Une planche où font gravés 24 ronds. Il y en a feize remplis de monnoyes antiques, dans lefquels fe trouvent huit têtes & huit revers. 8 p. 11 l. de h. fur 6 p. de l.

18. Une Médaille fur laquelle on lit :

S. P. Q. R optimo Principi S. C. &
au-deſſus, *Num. Trajani Aug.* 1.

19. Une planche ſur laquelle ſont deux
Médailles. La premiere à cette inſcription : *Honos & Virtus,* & au-deſſus , *Num. Galbæ Aug.* On lit ſur la
ſeconde *N. O. S. H. O.* & au-deſſus,
Num. Aurelii Caſ. 2.

20. Une planche ſur laquelle ſont trois
Médailles. Dans la premiere eſt écrit
L. Memmii : Dans la ſeconde, *Æter-
nitas Aug. N.* Au-deſſous des deux figures *Noſtr.* & au - deſſous, *Num. Ma-
xentii Aug.* Dans la troiſiéme *M. Ful-
vii Q. F. Roma.* 3.

21. Une planche ſur laquelle ſont deux
Médailles. Dans la premiere eſt écrit ,
Liberalitas Auguſti S. C. & au-deſſus ,
Num. Hadriani Aug. Dans la ſecon-
de, *Locupletatori orbis Terrarum S. C. &*
au deſſus, *Num Hadriani Aug.* 4.

22. Une planche ſur laquelle ſont deux
Médailles. Dans la premiere eſt écrit :
S. C. & au deſſus , *Num. Titi Aug.*
Dans la ſeconde, au-deſſus, *Num.
Trajani Aug.* 5.

23. Une Médaille ſur laquelle on lit ;
L. Valerius. 6.

24. Une planche ſur laquelle ſont deux
Médailles. Au-deſſus eſt écrit, *Num.*

L. Hostilii. Au-dessus de la seconde,
Num. L. Hostilii. 7.

25. Une planche sur laquelle sont trois
Médailles. Dans la premiere est écrit,
M. Antonius Imp. Conf. desig. iter. & tert.
Au-dessus , *Num. M. Antonii III.*
viri. Dans la seconde , *R. P. C. III.*
Vir. Dans la troisiéme , *R. P. C. III.*
Vir. 8.

26. Une planche sur laquelle sont trois
Médailles. Dans la premiere est écrit,
Paci Augusta , & au-dessus , *Num.*
Claudii Aug. Dans la seconde, *Paci Au-*
gusta ; & au-dessus, *Num. Vespasiani*
Aug. Dans la troisiéme, *Imp. Cas. Tra-*
jan. Aug. Ger. Dac. P. P. Rest. & au-
dessus , *Num D. Julii.* 9.

27. Une planche sur laquelle sont deux
Médailles. Dans la premiere est écrit ,
Casar Imp. VII. & au-dessus , *Num.*
C. Cas. Octav. Dans la seconde , *A-*
sia Recepta. 10.

28. Une planche sur laquelle sont deux
Médailles. Dans la premiere est écrit ,
C. C... Præf. & au-dessus , *Num. C.*
Jul. Cas. Dans la seconde , au-dessus ,
Gemma vetus. 11.

Nª. J'ai les onze Planches ci - dessus impri-
mées sur une même feuille. Elles sont im-
primées séparément dans l'Oeuvre du Roy.

TITRES

DE

LIVRES,

ET

CULS - DE - LAMPE.

ON appelle *Titre*, en fait de gravure, une Eſtampe miſe à la premiere page d'un Livre , & qui ſouvent forme un Cartouche , dans lequel on imprime le Titre du Livre.

*N*⁴. J'ai crû devoir changer pour les titres de Livres, la regle que j'ai ſuivie juſqu'ici dans les Sujets & les Portraits : m'ayant paru néceſſaire, pour les bien indiquer, d'en écrire les premieres lignes, juſqu'à ce qu'il ſe trouvât un ſens pour les bien entendre. J'ai même été quelquefois obligé d'ajouter les derniers mots des Titres ; on le reconnoîtra aux points que j'y ai mis. J'ai tranſcrit en entier les Titres les plus courts, & j'ai marqué l'année de l'impreſſion des Livres. Quand je n'ai point trouvé d'écriture aux Titres des Livres, j'ai fait une Deſcription des Figures & des Attributs qui s'y trouvent : j'ai fait la même choſe pour les Culs-de-Lampe.

1. *Annales ſacri & ex profanis præcipui... auctore Auguſtino Torniello. Tomus.* 1. 1620.

2. *Anatomia totius Auguſtiſſimæ doctrinæ B. Auguſtini.*

3. Le même Titre a ſervi pour imprimer à Louvain le Livre de *Cornelius Janſenius* Evéque d'Ypres en 1640.

4. *Auguſtini Maſcardi Silvarum Libri IV. ad Alexandrum principem Eſtenſem. S. R. E. Cardinalem, Theo. Galle incidit* 1622.

5. *Apoſtolicarum Pii quinti Pont. Max. Epiſtolarum Libri quinque nunc primum in lucem editi... Curâ Franciſci Gaubau* 1640.

6. *Breviarum Romanum ex decreto Sacro-Sancti Concilii Tridentini reſtitutum,* 1628. Theod. Galle *Sculp.*

7. *Biblia Sacra cum Gloſſa ordinaria* 1617. J. Collaert *Sculp.*

8. *Caroli*

8. *Caroli Scribani è Societate Jesu Politi-co-Christianus, Philippo IV. Hispaniarum Regi D. D.* 1624. Corn. Galle *Sculp.*

9. *Commentaria in duodecim Prophetas minores auctore R. P. Cornelio à lapide,* 1625.

10. *Commentaria in Pentateuchum Mosis auctore R. P. Cornelio Cornelii à lapide* 1616.

11. *Crux triumphans & gloriosa à Jacobo Bosio descripta Libris sex.* Corn. Galle *Sculp.*

12. *Catena sexaginta quinque Græcorum Patrum in S. Lucam... à Balthasare Corderio Antuerp. Doctore Theologo Soc. Jesu,* 1628.

13. *De Symbolis heroicis Libri IX. auctore Silvestro Petrasancta Romano è Soc. Jesu,* 1634. Corn. Galle *Sculp.*

14. *De Militia Equestri antiqua & nova ad Regem Philippum IV. Libri quinque auctore Hermanno Hugone Societ. Jesu* 1630. Corn. Galle *Sculp.*

15. *De Justitia & Jure, &c. Editio quarta auctior & Castigatior* 1627.

16. Le même Titre a servi pour faire une nouvelle Edition en 1632, & on a retouché la planche. Corn. Galle *Sculp.*

17. *De Kerckelycke Historie van de Gheboorte onses heeren Jesu-Christi, tot het*

1

tegenvvoordich jaer 1624. J. Collaert
Sculp.

18. El memorable y glorioſo Viaje del Infante Cardenal D. Fernando de Auſtria 1635.
Marinus Sculp.

19. Franciſci Harel annales Ducum ſeu
Principum Brabantiæ totiuſq. Belgii, tomi
tres. Il y a deux compoſitions qui por-
tent preſque le même titre, & ſont
toutes deux imprimées en 1633. Au
ſecond titre il y a Tomus Tertius.

20. Franciſci Aguilonii è Societate Jeſu Op-
ticorum Libri ſex Philoſophis juxta ac
Mathematicis utiles 1613.

21. Generale Kerckelycke Hiſtorie van de
Gheboorte on ſes H. Jeſu-Chriſti tot het
Jaer. 1624.

22. Generale Legende der Heylighen met
het Leven Jeſu - Chriſti en de Marie
1619.

23. Hiſtorica, Theologica, & moralis ter-
ra Sanctæ Elucidatio, Tomus i. 1639.

24. Hiſtoire curieuſe de tout ce qui s'eſt
paſſé à l'Entrée de la Reine, Mere du
Roi très - Chrétien dans les Villes des
Pays-Bas 1632. Corn. Galle Sculp.

25. Diverſes piéces pour la défenſe de
la Royne Mere du Roi très-Chrétien
Louis XIII.

26. Imperatorum Romanorum numiſmata

aurea... *Hiftorico Commentario explicata*, 1627.

27. *De Contemplatione Divina Libri fex auctore R. P. F. Thoma à Jefu Carmelitarum excalceatorum in Belgio & Germania Provinciali 1620.*

28. *Jufti Lipfii V. C. Opera omnia poftremum ab ipfo aucta & recenfita, nunc primùm copiofo rerum indice illuftrata* 1737. Corn. Galle. *Sculp.*

29. *Icones Imperatorum Romanorum ex prifcis numifmatibus ad vivum delineata, & brevi narratione hiftoricâ illuftrata* 1645. Corn. Galle. *Sculp.*

30. *Imperatorum Romanorum numifmata aurea...* 1627.

31. Le Siége de la Ville de Dole, Capitale de la Franche-Comté, & fon heureufe délivrance. 1638. Corn. Galle *Sculp.*

32. *Graciæ univerfæ Afiaque Minoris & Infularum numifmata veterum.*

33. *Ludovici Nonni commentarius in numifmata Impp. Julii, Augufti, & Tiberii: Huberto Golzio Scalptore* 1620.

34. *Ludovici Nonni commentarius in huberti Goltzii Graciam, infulas, & Afiam Minorem.* M. Lafne *fecit.*

35. *Luitprandi Subdiaconi Toletani & Crei*

monenfis Epifcopi Opera, 1640. Corn.
Galle Sculp.

36. L. Annai Seneca Philofophi Opera.
1632.

37. Legatus Frederici de Marfelaer Equitis
Toparcha de Parck. Cof. Brux. ad Philippi IV. Hifpaniarum Regem.

38. Le Voyage du Prince Don Fer-
nand, Cardinal, Infant d'Efpagne,
1620. Marinus Sculp.

39. Mathia Cafimiri Sarbievii è foc. Jefu
Lyricorum Libri IV. Epodon Lib. unus
alterq. Epigrammatum 1632. Corn.
Galle Sculp.

40. On a retouché ce titre, pour le faire
fervir à l'impreffion de, Stephani Simonini
Sequani S. Th. & J. Can. Doct. Silva
Urbaniana, feu gefta Urbani VIII. Pont.
opt. max. 1637.

41. Obras de Caio Cornelio Tacito.

42. Obfidio Bredana armis Philippi IV.
aufpiciis Ifabella, ductu Ambr. Spinola
perfecta: fcribebat Hermannus Hugo, Societatis Jefu. 1626.

43. Opera S. Dionyfii Areopagite cum
Scholiis S. Maximi & paraphrafi. Pa-
chymera 1633. Corn. Galle Sculp.

44. R. P. Oliveri Bonarti Societ. Jefu Theo-
logi in Ecclefiafticum commentarius, cum
indicibus locupletiffimis 1634. Corn.
Galle Sculp.

45. *R. P. Jacobi Tirini Antuerpiani è Societate Jesu commentarius in vetus & Novum Testamentum, tomis tribus comprehensus* 1632. Corn. Galle *Sculp.*

46. *Res Brasiliæ imperante Illustrissimo Comite J. Mauritio Nassoviæ Comite, &c.*

47. *Romanæ & Græcæ Antiquitatis monumenta è priscis numismatibus eruta* 1645. Corn. Galle *Sculp.*

48. *Regia via Crucis, auctore D. Benedicto Haefteno Ultrajectino reformati Monasterii Affligeniensis ordinis S. Benedicti Præposito* 1635.

49. *Repetitio de Donationibus. Ded. Illustrissimo & Excellentissimo Domino D. Georgio Adamo Borzitæ S. R. J. &c.* Corn. Galle F.

50. *Summa Conciliorum omnium. . : Auctore R. P. F. Francisco Longo à Coriolano Ordinis Fratr. Minorum S. Francisci Capucinorum* 1623.

51. *Vita Patrum : De vita & verbis Seniorum , sive Historia Eremitica Libri X.* 1628.

52. Titre sans écriture, qui représente le Gouvernement,& Mercure qui soutient un Cadran. Oeuvre du Roi.

53. Titre, sans écriture. Il y a un arbre au milieu, auquel sont attachées des armes. D'un côté est Apollon , . &

de l'autre Mercure. Oeuvre du Roi.

54. *Tleven ende Spreucken der Vaderen Beschreven door Den H. Hieronymus priester ende Andere Verscheyde...* 1617. Jean Collaert *Sculp.*

55. *Veritates & sublimes excellenti e verbi incarnati Jesu Christi D. N. .... Auctore P. Francisco Bourgoineo Parisino Congregationis Oratorii Jesu Christi D. N. Presbitero.*

56. Titre de Livre, représentant la face d'un portique. On voit au milieu une pyramide chargée d'armoiries, & posée sur un grand pié d'estal, où est en basrelief la Foy tenant l'Ecusson de la Maison d'Autriche : on lit au bas de l'Estampe quatre vers Latins qui commencent par, *Utriusque mundi regna quam prope omnia !*

57. *Commentaria in Acta Apostolorum, Epistolas Canonicas & Apocalypsin à .....Sacrarum Litterarum Professore* 1627.

58. *Maphai S. R. E. Card. Barberini, nunc Urbani P. P. VIII. Poemata* 1634.

59. *Venerabilis Patris D. Ludovici Blosii Monasterii Latiensis Ordinis Sti Benedicti in Hannonia Abbatis opera, cura & studio R. D. de Winghe Abbatis & Monachorum ejusdem Monasterii, aucta, ornata, illustrata.*

60. Vignette où font les Armes du Duc de Baviere. Le Cartouche eſt orné à droite d'une couronne de laurier, & à gauche de fleurs. Il y a pour ſuports un Aigle & un Paon poſés chacun ſur un fallot allumé. Il eſt ſurmonté d'une Etoile & de l'Arc-en-Ciel. Sans nom de Peintre ni de Graveur.

61. Autre Vignette pour un Livre dédié au Pape Urbain VIII. Il y a pour ſuports St Pierre & St Paul. Le Cartouche eſt ſurmonté d'une Tiarre, & de deux Clefs en ſautoir.

62. Quadre de Titre compoſé d'un Arbre Généalogique, où ſont repréſentés les Patriarches & les Rois, dont deſcend la Vierge, tenant tous un ſceptre à la main.

63. Eſtampe qui repréſente le Tombeau de J. Gevarte, célébre Juriſconſulte du Brabant, ſous les Archiducs Albert, & Iſabelle Claire-Eugenie. On lit ſon Epitaphe au milieu, & au bas ces deux vers Latins.

Huic cineri pacem requiemque precare,
Viator:

Qui Jacet hic, paci dulce paravit iter.

64. Cul de lampe, dans lequel eſt une poule qui couve. Au-deſſus du Cartouche eſt une lampe allumée, & au deux côtés un coq, & un hibou, avec une banderolle ſur laquelle eſt écrit : *NoᏎu incubando dinque.* Corn. Galle *Sculp.* Ce Cul de Lampe a ſervi au Livre d'Architecture que Rubens a deſſiné. Alex. Voet. l'a copié en petit.

65. Cul de Lampe, compoſé d'un Cartouche, orné de deux cornes d'abondance & de guirlandes, & contenant un globe couronné de laurier. Au-deſſus eſt une tête autour de laquelle eſt écrit : *Fovet & ornat.* J. Collaert *Sculp.*

66. Cul de Lampe compoſé d'un Cartouche, dans lequel eſt un Pélican. On voit dans le lointain un St François qui reçoit les Stygmates, & une banderolle, ſur laquelle eſt écrit, *Verus Pelicanus alit ſuo ſanguine.*

67. Cul de Lampe, compoſé d'un Cartouche, orné d'une couronne de laurier, & renfermant une main qui tient un compas, entrelacé d'une banderole ſur laquelle eſt écrit, *Labore & Conſtantia.* Il y a pour ſupports Hercule & une femme. Corn. Galle *Sculp.*

DIFFERENTES
SUITES
D'APRES
RUBENS.

1. LA Vie de l'Enfant Prodigue en six feuilles, y compris le frontispice, au bas duquel est écrit : *Le Fils Débauché*. Dessiné & gravé par Paul Rubens. 4 p. 7 l. de h. sur 3 p. 6 l. de l.

2. Balthazar Morestin, Libraire d'Anvers, a fait imprimer un Missel d'après les desseins de Rubens. Comme il en a eu un grand débit, & que les planches qu'il a fait graver par Corn. Galle, n'ont pû fournir aux différentes impressions qu'il en a faites, il en a fait graver d'autres par Collaert, & il a pris pour ces nouvelles planchs des compositions différentes des pre-

mieres. Corn. Galle n'a point mis aux planches qu'il a gravées, *Sculp.* mais *Corn. Galle Exc.* & Collaert n'a point mis son nom à celles qu'il a gravées.

On n'a mis le nom de Rubens qu'à quelques-unes de ces planches ; ce qui m'oblige de faire une Description des Sujets, pour qu'on les reconnoisse, vû qu'on en a gravés d'après Abrah. à Diepenbeke :

Voici le détail de ce Missel.

(1).

Adoration des Rois qui est la même dont j'ai fait la Description au N° 14.

(2).

La Cêne. Jesus-Christ est au bout de la table à droite, & bénit le pain qu'il tient dans sa main. Il y a deux Apôtres sur le-devant de l'Estampe, & les autres sont de l'autre côté de la table : deux lampes allumées éclairent la Salle, avec un Croissant que l'on voit à travers une fenêtre.

(3).

Un Christ. La Sainte Vierge a les mains jointes, St Jean en a une sur la poitrine, & l'autre étendue, Il paroit pénétré de douleur.

(4).

Assomption. Il y a une des Saintes Fem-

-mes à genoux qui montre avec le doigt
des fleurs qui font fur un linceuil au-
deffus du Tombeau. Plufieurs des
Apôtres & des Saintes Femmes les regardent. Au côté droit un Apôtre de
bout ayant les mains élevées, contem-
ple la Vierge qui monte au Ciel. On
voit au bas de l'Eftampe une bêche fur
la pierre qui couvroit le Tombeau.

(5).

La Touffaint. Sainte Catherine eft affife
fur l'inftrument de fon martire au milieu de l'Eftampe. Au côté droit on
voit St Henri, St Laurent, St Sebaf-
tien, un Pape & deux Cardinaux.
De l'autre côté font des Saintes de
différens ordres, & au-deffus d'elles,
au bas de l'Eftampe, deux Saints à genoux & deux demi-corps.

(6).

David à genoux fléchiffant le Ciel par fa
priere. L'Ange Exterminateur tient une
épée flamboyante : une partie du peu-
ple eft frappé à mort, & l'autre eft
en fuite.

Les fujets où le nom de *Rubens* eft écrit,
font : la Nativité, l'Adoration des Rois,
un Chrift, où un Ange reçoit dans un
Calice le fang qui fort du côté de
Jefus-Chrift, deux Réfurections, une

Pentecôte, & une des deux Touſſaints.

3. Suite de vingt - trois Eſtampes qui repréſentent Jeſus-Chriſt, deux Vierges, quatre Anges, les douze Apôtres, & les quatre Evangeliſtes ; toutes figures en pied gravées par S. à Boſſ. wert & Corn. Galle. 6 p. 4 l. de h. ſur 4 p. 11 l. de l.

4. Jeſus-Chriſt & ſes douze Apôtres. Cette Suite a été gravée par quatre Graveurs, avec des différences dans les fonds.

5. Il y en a une Suite gravée à l'eau-forte, qui eſt la plus rare : elle eſt numérotée au haut de l'Eſtampe, les autres le ſont par le bas.

6. Il y en a deux autres Suites, où eſt écrit avec le nom des Apôtres, un article du Symbole. Ces quatre Suites ſont ſans nom de Graveur, à la réſerve de celle que *Ryckmans* a gravée, & où il a mis ſon nom à la premiere feuille. Elles ſont toutes d'inégales grandeurs, d'environ 6 p. 10 l. de h. ſur 5 p. 10 l. de l.

7. Rubens a peint des Plafonds dans l'Egliſe des Jéſuites d'Anvers, qui ont été brûlés par un incendie. Preiſler, Peintre & Graveur Allemand, les a gravés d'après des eſquiſſes ou des deſſeins.

Ces

Ces sujets sont : La Chute des Anges.
Moïse sur la Montagne en priere : Aaron,
& Hur lui soutiennent les mains. *Exod.*
17 *v.* 12.

Le Grand - Prêtre Abiatar donnant à
manger les pains de Proposition à David , & à sa suite.

David coupant la tête de Goliath. 1. *Sa-*
muel. 17 *v.* 51.

La Reine de Saba 1. 10 *v.* 7.

La Nativité de Jésus - Christ. L'Adoration des Rois. La Cêne.

S. Joannes Chrisostomus. S. Basilius. S.
Athanasius. S. Gregorius Nazianzenus.

Des Anges dans une gloire : autour
de la bordure est écrit, *Maria mater*
gratia. Ste Anne. Ste Magdelaine. Ste
Catherine. Sainte Claire. Ste Cecile.

8. On a gravé à Rome une vie de Saint
Ignace , dans laquelle il y a sept Es-
tampes gravées d'après des desseins de
Rubens ; Mr Mariette en a plusieurs.
Il sont sans nom de Peintre & de Gra-
veur , quoiqu'il soit sûr que toutes les
Estampes sont gravées par Corn. Galle.
Il y a au bas de chaque Estampe un dis-
cours Latin qui en explique le sujet ;
& à la fin du Livre est une Table de
trois pages en Italien, qui n'est que la
Traduction de ces discours. Je ne les

K

tranfcrirai point, pour abréger ; il fuf-
fit, pour les Curieux, d'indiquer les
Eftampes par les numeros qui font au
bas des difcours Latins, & qui font 43.
55. 56. 64. 67. 69. 78. Le Livre
contient foixante dix-neuf Eftampes,
non compris le Frontifpice, fur lequel eft écrit : *Vita beati P. Ignatii
Loyola, Societatis Jefu Fundatoris. Roma*
1609. 4 p. de h. fur 3 p. 6 l. de l.

9. Hiftoire d'Achille, avec des bordures autour, en huit morceaux qui
ont été exécutés en tapifferie. Il y en a
quatre en largeur, & quatre en hauteur. Ils ont été gravés par Franc. Er-
tinger en 1679, & en Angleterre par
Ber. Baron Je n'en marque point les
grandeurs, parcequ'ils n'ont point été
copiés. Voici les Sujets : 1°. Achille
plongé dans le Styx, par la Déeffe
Thetis fa Mere, pour le rendre in-
vulnérable. 2°. Achille fous la difci-
pline du Centaure Chiron. 3°. Achille à la Cour de Lycoméde, reconnu par
Uliffe, au moyen des bijoux qu'il préfente aux filles du Roi. 4°. Difpute d'A-
chille & d'Agamemnon. 5°. Patrocle
par l'ordre d'Achille remet Brifcis entre les mains des Hérauts d'Agamemnon. 6°. Combat d'Achille & d'Hec-

tor. 7°. Thetis reçoit de Vulcain des Armes pour Achille. 8°. Achille blessé au talon.

10. Histoire de Constantin, gravée par Nicolas Tardieu, Graveur du Roi, en douze Estampes, d'après les Tableaux du Cabinet de Mr le Duc d'Orleans ; sçavoir : 1°. Le double mariage de Constantius Chlorus, & de Maximien César. 2°. L'Apparition de la Croix à Constantin. 3°. Constantin se fait apporter l'Etendart où est le signe qu'il a vû. 4°. Bataille de Constantin contre Maxence. 5°. Défaite du Tiran Maxence. 6°. La Ville de Rome reçoit la Couronne de l'Empire des mains de la Victoire, à l'Entrée de Constantin. 7°. Les Sénateurs délivrés de prison ; 8°. Trophée à la gloire de Constantin. 9°. Entrevûe de Constantin & de Crispe son fils, à Bizance. 10°. Fondation de Constantinople. 11°. Sainte Helene fait présenter la vraye Croix à Constantin. 12°. Baptême de Constantin.

11. Histoire de Decius. Il y a dix lignes d'écriture. T. *Aruspicem P. Decio Muti... tabulis Expressum, And. & Jos. Schumtzer fratres. Alt. 9 ped. & 11 pol. Lat. 10 ped. & 7 pol.* 19 p. 3 l. de l. sur 17 p. 11 l. de h.   K ij

12. Hiſtoire de Decius. T. *P. Decium Murem Coſ.*, *tabulis expreſſum*, *And. & Joſ. Schmzer fratres. Alt. 9 ped. & 11 pol. Lat. 10 ped. & 7 pol.* 19 p. 3 l. de l. ſur 17 p. 1 l. de h.

13. Hiſtoire de Décius. T. *Decium Murem P. Trib…* *tabulis expreſſum*, *And. & Joſ. Schmzer fratres D. D. D. Vienna Auſtria. Alt. 9 ped. & 2 pol. Lat. 8 ped. & 10 pol.* 16 p. 10 l. de h. ſur 17 p. 1 l. de h.

M. le Prince de Lichtenſtein qui demeure à Vienne, poſſéde toute l'Hiſtoire de Decius que Rubens a peinte. Il a fait graver les trois Eſtampes ci-deſſus pour en faire des préſens, & donner des marques de l'eſtime qu'il fait des Tableaux.

14. Recueil de la Gallerie du Luxembourg, contenant vingt-cinq Eſtampes, y compris le Portrait de Marie de Médicis, celui de ſon pere & de ſa mere, & celui de Rubens. Voici la ſuite des Sujets : 1°. La deſtinée de Marie de Médicis. 2°. La Naiſſance de la Reine. 3°. L'Education de la Reine. 4°. Henri IV. délibere ſur ſon futur mariage. 5°. Le Mariage de la Reine. 6°. Le Débarquement de la Reine au Port de Marſeille. 7°. La

Ville de Lion va au-devant de la Reine. 8°. L'Accouchement de la Reine, ou la Naissance de Louis XIII. 9°. Le Roi part pour la Guerre d'Allemagne. 10°. Le Couronnement de la Reine. 11°. L'Apothéose de Henri IV. & la Régence de la Reine. 12°. Le Gouvernement de la Reine. 13°. Le Voyage de la Reine au Pont de Cé. 14°. L'Echange des deux Reines. 15°. La félicité de la Régence. 16°. La Majorité du Roi Louis XIII. 17°. La Reine s'enfuit de la Ville de Blois. 18° La Reine prend le parti de la Paix. 19°. La conclusion de la Paix. 20°. La Paix confirmée dans le Ciel. 21°. Le tems découvre la vérité. Comme cette suite n'a point été copiée, je n'en marque point les grandeurs : elle est gravée par les plus habilles Graveurs du tems ; & se vend chez G. Du Change, Graveur du Roi.

15. L'entrée de l'Infant, grand infolio de 189 pages, non compris la Table. Il y a quarante-trois Estampes, y compris le Titre & le Portrait de l'Infant qui est gravé par J. Neefs : Le reste est gravé par Theod. à Tulden.

16. Quatre Basreliefs qui représentent : 1°. le Triomphe de Galatée. 2°. le

Triomphe d'une Sirene. 3°. Le Triomphe d'un Triton. 4°. Le Triomphe d'une Nymphe & d'un Satyre. Ils sont tous de même grandeur, & sont gravés par Theod. Van Kessel. 11 p. 7 l. de l. sur 6 p. 7 l. de h.

17. La Chasse aux deux Lions : Il y a trois hommes à cheval, & trois renversés avec un cheval. Wlpeeuw *fecit.* Fr. de Witt., *Ex.* Celles sous l'adresse de Corn. Van-Merlen sont retouchées.

18. Cette même Chasse a été gravée par Soutman, dans la même grandeur, & avec ce Titre : *Fortiter insta qui... conteret ore leo.* 23 p. 7 l. de l. sur 16 p. 6 l. de h. B.

19. La Chasse aux deux Lions. Il y a quatre hommes à cheval, dont un est renversé, & trois à pied : un cinquiéme paroît mort, & un autre est renversé par terre. Il y a une Dédicace : *Excellentissimo Heroi Alexandro... Admiratori Domino suo.* S. à Bolswert *Sculp.* & *ex.* C. P. R. C. S. I. & O. C. Cette Chasse est une des plus belles & des plus rares.

20. La Chasse au Sanglier. A main droite, il y a deux femmes à cheval, & deux hommes, & un autre homme dans le milieu qui donne un coup d'épée au Sanglier. A gauche il y a qua

tre hommes, dont un fonne du cornet. Wlpeeuw *fecit*, Fred. de Witt *Ex.* 23 p. 7 l. de l. fur 16 p. 4 l. de h.

21. Cette même Chaffe a été gravée par P. Soutman, avec un Titre : *Laxentur canes, ftringantur.. ni perimis, perimet.* B.

22. La Chaffe au Loup. T. *Euge lupos multâque... fua tuta gregi.* Wlpeeuw *fecit.* 21 p. 3 l. de l. fur 15 p. 5 l. de h.

23. Cette même Chaffe eft gravée par P. Soutman, Titre : *Dum vigilat paf-tor... Deferit arva lupus.* 22 p. 4 l. de l. fur 16 p. 4 l. de h. B.

24. La Chaffe au Crocodile. Wlpeeuw *fecit.* Toutes les Chaffes gravées par Wlpeeuw, n'ont point de Titre ni de Dédicace. C. Dankertz *Ex.* Celles fous l'adreffe de Cor. Van-Merlen font retouchées. 23 p. 7 l. de l. fur 16 p. 7 l. de h.

25. Cette même Chaffe a été gravée par P. Soutman, avec ce Titre : *Hippota-mus Crocodilum... deficit ipfe manus.* B.

26. La Chaffe au Sanglier, en deux feuil-les. T. *Mafculam quicunque venatio-nem... lacerent & lacerentur.* P. Sout-man. *Effigiavit C. P. A°.* 1642. 29 p. 4 l. de l. fur 16 p. de h. B. R.

27. La Chaffe de Meléagre. Jac. Möer-mans *Ex.* C. P. 21 p. 11 l. de l. fur

16 p. 3 l. de h. Celles fous l'adreffe de Cor. Van-Merlen font retouchées. B.

28. La Chaffe aux trois Lions. Il y a un Tigre qui eft mort. T. *In ad fectus, &c.* P. Soutman Editor. D. D. D. J. Suyder-hoef *Sculp.* P. Soutman *Ex. C. P. S. C. M.* 21 p. 1 l. de l. fur 16 p. 5 l. de h. Cette Chaffe eft la plus difficile à trou-ver belle Epreuve, & la plus rare. B.

29. La Chaffe aux Lions & aux Tigres. J. Moyreàu *Sculp.* A Paris chez Jean, Moyreau. 14 p. 11 l. de l. fur 10 p. 4 l. de h.

30. La Chaffe de Diane aux Cerfs. T. *Servatur Exemplar in... Ordinis Perifce-lidis Equitis &c.* Jos. Goupy Londini *fecit.* 18 p. 6 l. de l. fur 10 p. 9 l. de h. B.

31. Grand Payfage, ou la vûe de Cadix, dans laquelle eft repréfentée la Tem-pête d'Enée. Il y a quatre vers : *Tum mihi caruleus.... jactamur gurgite vaf-to. Æneid. Lib.* 3. S. à Bolfwert *Sculp.* G. Hendricx *Ex. Ant.* 23 p. 9 l. de l. fur 17 p. 2 l. de h. B. Celles où il y a une Dédicace, font poftérieures.

32. Grand Payfage, repréfentant Jupi-ter & Mercure, à qui Baucis & Phi-lemon donnent l'hofpitalité. Il y a qua-tre Vers & une Dédicace : *Occidi una*

domus, &c. D. C. Q. *Ægidius Henrici.* S. à Bolſwert *Sculp.* G. Hendricx *Ex. Ant.* Ovid. Met. *Liv.* 1. 23 p. 6 l. de h. ſur 17 p. 2 l. de h. B.

33. Grand Payſage , repréſentant la Chaſſe de Méléagre & d'Atalante , ſans Titre. S. à Bolſwert *Sculp.* G. Hendricx *Ex.* 23 p. 8 l. de l. ſur 16 p. 10 l. de h. B.

34. Grand Payſage , qui eſt la vûe de la Campagne de Malines. Il y a quatre vers : *Temporibus certis maturam...* *Pectine verrit humum.* Ovid. *Lib.* 1. *de Remed. Amor.* S. à Bolſwert *Sculp.* G. Hendricx *Ex.* 23 p. 6 l. de l. ſur 16 p. 3 l. de h. Celles où il y a une Dédicace , ſont poſtérieures.

35. L'Etable , appellé communément *l'Etable à vache , où il tombe de la neige,* ſans Titre. P. Clouvet *Sculp.* G. Hendricx *Ex. Ant.* 22 p. 9 l. de l. ſur 16 p. 9 l. de h. B.

36. Une Etable remplie de vaches & de chevaux. L'Enfant Prodigue eſt à la porte de l'Etable à genoux, & garde des cochons ; ſans Titre. S. à Bolſwert *Sculp.* G. Hendricx *Ex. Ant.* 22 p. 8 l. de l. ſur 16 p. 3 l. de h. B.

37. Un Payſage , avec quatre figures, un mouton & une chevre, ſans nom

de Graveur. 14 p. 4 l. de l. fur 9 p.
9 l. de h. Oeuvre de M. Mariette.

38. Un Payfage gravé par Coelemans,
du Cabinet de Guille. 5 p. 6 l. de l.
fur 4 p. de h.

39. Quatre Payfages : le premier repréfentant une Ferme , & un Hermita-
ge dans le lointain ; fur le-devant de
l'Eftampe, font deux Hermites qui
parlent à deux hommes. L. W. *fecit*
F. V. W. *Ex.* 11 p. 9 l. de l. fur 8 p.
de h. Dans le fecond, fur le-devant
de l'Eftampe, il y a une Riviere &
deux vaches, dont une eft traite par
une femme : à côté font deux hommes & une femme , & dans le lointain des arbres & des maifons. Luc.
Vanden *fecit.* Fr. V. Wyngaerde
Ex. 11 p. 10 l. de l. fur 7 p. 8 l. de h.
Dans le troifiéme, fur le-devant de
l'Eftampe, un homme fait boire des
chevaux. Il y a plufieurs vaches dans
la Riviere, & fur les bords. On voit
une femme qui porte un pot au lait,
& des arbres derriere. Luc. Vanden
fecit. F. Vanden Wyngaerde *Ex.* 10 p.
2 l. de l. fur 7 p. 10 l. de h. Dans le
quatriéme , font deux femmes , dont
une tient un pot au lait , & l'autre fur
fa tête un panier rempli de légumes.

On y voit de plus cinq vaches, dont une est traite par une femme, & un homme qui fait boire des chevaux. Luc. Vanden *fecit*. F. Wyngaerde *Ex*. 11 p. 1 l. de l. sur 7 p. 6 l. de h. Ces quatre Paysages sont difficiles à trouver belles Epreuves.

40. Vingt-un Paysages, dont je ne ferai point la Description, parcequ'ils sont fort connus sous le nom de *Petits Paysages de Rubens*. Il sont tous gravés par S. à Bolswert, & presque tous de même grandeur, entre 14 à 15 pouces 6 lignes de large, sur 11 pouces 6 lignes de haut.

N. Dans toutes les Oeuvres complettes, on y joint une Marine qui est rare, & qui n'est point gravée d'après Rubens.

41. Il y a encore deux Paysages de la même grandeur, & très-rares, qui ne sont point de la même suite. Le plus rare des deux, est celui où il se trouve sur le-devant & au milieu de l'Estampe, un homme qui conduit une charette remplie de légumes. Plus loin un homme & une femme qui conduisent des boeufs. Au côté gauche de grands arbres, & dans le lointain plusieurs Villages. Il y a encore des figures & des animaux répandus dans

l'Eftampe. Il y a une Dédicace de fix vers : *Ornatiffimo viro Domino*. .... *D. C. Q.* Van-Keffel. Theod. Van-Keffel *fecit*. Dans l'autre on voit deux femmes, dont une tient un panier plein de fruits fur fa tête.

42. Un Payfage. T. Vûe de Flandre, *Rubens pinxit, Major Sculpfit.* 13 p. 4 l. de l. fur 9 p. 6 l. de h. Au bas eft écrit : *Gravé d'après un Tableau Original de P. P. Rubens de 2 pieds 1 pouce & ¼ de largeur, fur un pied 5 pouces & ½ de hauteur.* A Paris, chez l'Auteur, rue St Jacques.

43. Un Livre de douze Têtes ou Buftes d'Empereurs & de Philofophes, deffinés d'après l'Antique : en voici les noms. 1°. *J. Cafar. Dict. perpetuò.* 2°. *P. Cornelius Scipio Africanus ;* 3°. *M. Brutus Imp.* 4°. *Imp. Nero Cafar Auguftus.* 5°. *Tullius Cicero.* 6°. *Sophocles.* 7°. *Demofthenes.* 8°. *Lucius Annaus Seneca.* 9°. *Socrates.* 10°. *Democritus.* 11°. *Hippocrates.* 12°. *Plato Ariftonis.* Il y en a quatre gravés par Vorfterman, cinq par P. Pontius, deux par Withouc ; & un par S. à Bolfwert. B.

44. Un Livre à deffiner, contenant dix-neuf feuilles, y compris le Frontifpice, au bas duquel eft écrit, *Antuerpia*

pia apud Alexand. Voet Paul Pontius
Sculp. 17 p. 7 l. de h. fur 7 p. 9 l. de l.

45. Un Livre d'Etudes de Lions de cinq
feuilles. La premiere porte pour Titre : *Varia Leonum Icones à Petro P.
Rubens.* Il y a quatre feuilles gravées
par A. Bloteling , & une par W.
Hollar. Cette fuite eft terminée par
un Combat de bêtes infernales , fans
nom de Graveur. N. Viffcher *Ex.* 6 p.
4 l. de l. fur 4 l. 6 p. de h. B.

46. Pierre Paul Rubens fe trouvant à
Gênes au retour de fon voyage d'Italie , remarqua , avec admiration , que
le goût d'Architecture de cette Ville,
étoit conforme aux régles des Grecs,
& des Romains , & que l'Architecture barbare & Gothique , commençoit à
n'être plus en ufage : ce grand homme
dans la vûe de rendre au Public un
fervice digne de lui , fe détermina à
faire un Receuil de deffeins d'Architecture des Palais antiques & modernes , & de quelques Eglifes de la
Ville de Gênes , qui lui parurent mé-
riter le plus fon attention.

Il parle avec éloge du Palais *Pitti* de
Florence, de celui de *Farnefe*, de la
Chancellerie de Rome, & de *Capra-
role :* mais ils lui paroiffent plûtôt conf-

L

truits pour des Souverains, que pour des Particuliers, & il diſtingue les Palais des Premiers, par une cour qu'il place au milieu. Tous les deſſeins, les Coupes & les Plans de ces ſomptueux Palais, ſont de lui ; & il a fait graver & imprimer à Anvers ce curieux Recueil. *Rubens* s'eſt diſpenſé de donner exactement les noms des Palais, parce qu'ils pouvoient par ſucceſſion de temps changer de Maîtres : ſon unique but en mettant au jour cet ouvrage, étoit d'encourager ceux qui viendroient après lui, non-ſeulement à l'imiter, mais même à le perfectionner.

N. Mr Mariette à dans ſon Oeuvre ſix Emblêmes qu'il prétend gravées d'après *Rubens*, & qui ſont ſans nom de Graveur : en voici la Deſcription.

1°. Deux Enfans, dont un paſſe le bras ſur l'épaule de l'autre : il a des lunettes ſur le nez, & en tient une autre paire dans la main, au travers deſquelles il regarde une mouche qui paroît auſſi groſſe qu'un Eléphant.

2°. Deux autres Enfans, dont l'un tient un flambeau ſur le devant ; l'autre, qui a un ſouflet à la main, regarde des cœurs qui brûlent dans un foyer.

3o. Deux autres Enfans qui conduifent des bœufs attelés à une charue. Il y a quatre figures dans le lointain, & trois maifons ; on voit des pigeons fur le toît d'une.

4°. Deux Enfans affis, l'un fur un carquois, & tenant un parafol ; l'autre un éventail à la main. On diftingue en l'air une nuée qui couvre le Soleil, dont les rayons perçent au travers.

5°. Minerve armée d'un bouclier & d'une pique, avec deux Enfans, dont un tient une marotte, & l'autre un arc : un hibou voltige en l'air près de Minerve.

6°. Deux Enfans tenant un pot chacun par une anfe, ou l'un d'eux verfe de l'eau d'un autre vafe : fur le-devant font un carquois & un arc. Ces fix Emblêmes font de 2 p. 4 l. de h. fur 2 p. 1 l. de l. D.

Mr Mariette a de plus quatre autres fujets allégoriques.

Dans le premier une femme qui fimbolife la Politique, tient par les cheveux une autre femme qui eft à fes pieds. Le Temps qui eft derriere ce groupe paroît s'éloigner.

2°. Mars arrêté par la Politique, paroît vouloir foudroyer la Ville de Rome, qui eſt aſſiſe ſur des Trophées d'Armes, & couronnée par la Victoire.

3°. Diane à la Chaſſe avec des chiens, pourſuit l'Amour, & l'arrête avec un filet. Une Nymphe qui la ſuit, donne du Cor de Chaſſe. Sur le-devant de l'Eſtampe eſt un arc, & un chien qui tient un carquois dans ſa gueule.

4°. Un Roi, qui a fait aſſeoir la Molleſſe ſur ſon Trône, ſe repoſant entre ſes bras, tandis que la Renommée s'endort: Minerve le menace, & paroît vouloir le quitter. Deux Enfans, dont un a les Attributs de la Folie, ſe ſont emparé des marques de la Royauté. Ces quatre Eſtampes ont 2 piéds 8 lignes, de large, ſur 2 pieds 4 pouces de haut. T. R.

Six Vignettes pour un Livre d'Optique. La premiere feuille repréſente un Philoſophe aſſis, ayant le menton appuyé ſur ſa main, & tenant de la main droite une plume: il eſt accompagné de cinq génies, dont un parle au Philoſophe, & deux autres paroiſſent occupés à faire une Expérience. Un quatriéme eſt agenouillé ſur une tête, où l'on voit un trou, dans lequel il paſſe une ſorte d'outil, comme pour le ſonder, & le cinquiéme parle à celui-ci.

La Seconde feuille repréfente un l'hilo-
fophe qui a une main appuyée fur fon
fauteuil, & parle à trois Génies qui
paroiffent fe mocquer de fes leçons.
Le Philofophe a un œil crevé, & paroît les menaçer de la main droite. A
côté de lui eft un Bureau, fur lequel
on voit un Globe, une Sphere & des
Livres.

Dans la Troifiéme, eft un Philofophe
qui a les deux mains appuyées fur une
table, & qui donne des leçons d'Optique à deux Génies.

La Quatriéme repréfente un Philofophe agenouillé & appuyé fui le bord
d'une table, au bout de laquelle eft
une chambre noire. Il obferve avec trois
Génies les refractions & les effets
de lumiere.

La Cinquiéme repréfente un autre Philofophe, obfervant le Colofe de Rho-
des, fous la Figure d'Apollon : un
Génie qui eft derriere lui, fait la même obfervation. Il eft accompagné de
fept autres, dont plufieurs tiennent
des Inftrumens de Mathématique.

La Sixiéme repréfente un. Athlas, portant fur fes épaules la Sphere du monde. Un Génie en l'air au-deffus de
lui, tient un fallot allumé qui fait re-

fléchir la Sphere fur la Terre. Deux autres Génies, dont l'un tient un compas de la main droite, & l'autre le bras de celui-ci, font attentifs à regarder l'ombre de la Sphere.

Le Tombeau de Gevartius dans un portique, orné de quatres Têtes de Chérubins, & d'une Tête du mort. Au-deſſus, il y a deux Vertus appuyées fur une eſpéce de cadre deſtiné à recevoir une Inſcription. Il eſt furmonté de deux pigeons, d'une bordure ornée encore de deux Chérubins, de Guirlandes de fruits attachées à deux anneaux, & d'une eſpéce d'urne, au-devant de laquelle il y a deux falots allumés, & une lampe au-deſſus.

Il y a une ſuite de 67 Eſtampes, appellées communément *Vélins*, & que l'on attribue à *Rubens*. Je ne voudrois point en garantir la moitié; mais comme je les ai vûes dans l'Oeuvre du Roi, & dans pluſieurs autres, je vais en faire la Deſcription. Celles où je ne mettrai point d'adreſſe, font gravées par S. à Bolſwert, qui en étoit le Marchand : Il en a gravées quelques-unes pour Martin Vanden Enden : Elles font à quelque lignes de plus ou de moins, de 4 pouces 4 lignes de haut, fur 3 pouces 2 lignes de large.

L'Enfant Jefus appuyé fur une de fes mains, & careffant de l'autre Saint Jean. Ils font tous deux affis fur une terraffe. La Croix & le Mouton de St Jean font à fes pieds.

L'Enfant Jefus ayant fon bras paffé fur l'épaule de St Jean. Ils careffent tous deux un Mouton.

L'Enfant Jefus affis fur un couffin pofé fur des nuées, tient d'une main le Globe du Monde, qui eft furmonté d'une Croix, & le bénit de l'autre.

L'Enfant Jefus careffant & embraffant la Sainte Vierge. T. *Læva ejus fub capite meo, & dextera illius amplexabitur me,* Cant. 2.

La Ste Vierge diftillant du lait dans la bouche de l'Enfant Jefus. C'eft la même compofition, à quelque changement près dans les drapperies, que celle du N°. 44. au Chap. des Vierges : T. *Paruoque lacte paftus eft, per qnem nec ales efurit.*

La Ste Vierge tenant l'Enfant Jefus emmailloté entre fes bras. T. *Orditur jam nunc manibus formare tenellis, quam mox pro nobis perferet ipfe, crucem.*

La Ste Vierge tenant l'Enfant Jefus emmailloté entre fes bras, & ayant la tête pofée fur fon front. T. *S. Maria mater Dei.*

La Ste Vierge tenant l'Enfant Jesus sur ses genoux. St Jean lui montre un pigeon, & Ste Anne est derriere lui. Il y a un Ange au côté droit de l'Estampe. T. *Ego diligentes me diligo, & qui mane vigilant ad me, invenient me.* Prov. 8.

La Ste Vierge tenant l'Enfant Jesus emmailloté dans un de ses bras, & lui mettant un doigt sur la lévre inférieure. Il y a trois Anges, & quatre têtes de Chérubins. T. *Quis mihi det te fratrem meum sugentem ubera matris mea, ut inveniam te foris & exosculer.* Prov. 8.

La Ste Vierge tenant l'Enfant Jesus sur ses genoux, & appuyant sa joue sur sa tête. Sans titre.

Silence, où l Enfant Jesus dort sur les genoux de la Ste Vierge, & St Jean lui tient les deux mains. T. *Obdormit ecce Jesulus, formosus ille Jesulus, compescito labellula.*

La Ste Vierge tenant l'Enfant Jesus entre ses bras, lequel caresse St Jean qui est derriere lui avec sa croix. Sans Titre.

La Ste Vierge tenant entre ses bras l'Enfant Jesus, qui a une de ses mains appuyée sur sa joue, & l'autre sur sa

poitrine. On voit un bout de berçeau,
T. *Sancta Maria, ora pro nobis.*

L'Enfant Jefus dormant fur les genoux
de fa Ste Mere, & tenant une poire
dans fa main. T. *S. Maria mater Jefu, ora pro nobis.*

La Ste Vierge jouant avec l'Enfant Jefus, qui paroît vouloir fe cacher fous
un voile. Il y a trois têtes de Chérubins. Sans titre.

L'Enfant Jefus, la Ste Vierge, & St Jofeph à table faifant la priere avant de
prendre leur repas : appellé communément le *Benedicite.* Sans titre.

L'Enfant Jefus debout fur les genoux de
fa Ste Mere, ayant une main pofée
fur fon bras, & la careffant de l'autre.
Sans titre.

L'Enfant Jefus fur les genoux de fa Ste
Mere, mettant une bague au doigt de
Ste Catherine, qui eft à droite de
l'Eftampe. Sans titre.

La Ste Vierge tenant l'Enfant Jefus fur
fes genoux, mettant une bague au
doigt de Ste Catherine, qui eft à la
gauche de l'Eftampe. Sans titre.

Nativité, ou Adoration des Bergers. Sans
titre. Mart. Vanden-Enden. *Ex C. P.*

Adoration des Rois, fans titre. Mart.
Vanden-Enden *ex. C. P.*

L'Enfant Jefus debout fur une table, ayant la main droite pofée fur le Globe du Monde, & l'autre paffée au col de la Ste Vierge, qui foutient le Globe de la main droite, & tient de la gauche un Sceptre. Sans titre.

Un Chrift. T. *Jefus Dei filius, Rex regum.*

La Ste Vierge faifant le regarddu Chrift. T. *Maria mater Dei, Regina Cali.*

Un Regard de Chrift, dont la tête eft vûe de trois quarts : Il y a trois têtes de Chérubins. T. *Jefus Dei filius, Rex Regum.*

La Ste Vierge ayant une couronne fur la tête, & tenant un feptre de la main gauche, & de l'autre le Globe du Monde. L'Enfant Jefus de bout, ayant la main droite pofée fur le Globe, & l'autre paffée au col de fa Sainte Mere. Sans titre.

S. *Antonius de Paduâ.* Mart. Vanden-Enden *exc. cum priv.*

S. *Jofeph nutritie Jefu, ora pro nobis.*

S. *Ignatius de Loiola.*

Sanctus Bernardus. S. *Antonius.* Mart. Vanden-Enden *excudit cum priv.*

S. *Francifcus de Paula, Sacri Ordinis Minimorum inftitutor.*

S. *Hubertus.* Mart. Vanden-Enden *exc. cum priv*

S. Joannes Baptista. S. Franciscus. S. Augustinus. S. Paulus.

St Jean tenant un Calice, sur le bord duquel on voit un Dragon.

St Joseph, & l'Enfant Jesus tenant une branche de Lys.

St Joseph tenant entre ses bras l'Enfant Jesus qui couronne une Sainte. Sans Titre.

S. Dorothea. S. Theresia à Jesu. S. Margareta. Sancta Clara. S. Catharina Senensis. S. Maria Magdalena.

S. Maria Magdalena. T. *Vanitas vanitatum, & omnia vanitas. Ecclesiast.* 1. La tête est vûe un peu plus que de profil.

S. Maria Magdalena. T. *Vanitas vanitatum, & omnia vanitas. Ecclesiast.* La tête est vûe de front. On lit à la suite du Titre: *Scimus quoniam cum apparuerit, similes erimus, & videbimus eum sicuti est.* 1. Luc. 3.

S. Maria Magdalena. Elle prie Dieu devant un Crucifix. T. *Inveni quem diligit anima mea, tenui eum, nec dimittam.*

S. Maria Magdalena ; Elle a la tête baissée, & prie Dieu devant un Crucifix qui est posé sur une terrasse. Les cinq Magdelaines ci-dessus sont demi-corps.

S. Lucia. S. Maria Magdalena. S. Helena. S. Agnes. S. Ursula. S. Agatha.

S. *Apollonia.* Mart. Vanden - Enden
excud.

S. *Agnes.* Mart. Vanden - Enden *excud.*
cum priv.

S. *Catharina.* Elle tient un Livre à la main.
Mart. Vanden-Enden , *exc. C. P.*

S. *Catharina.*

Ste Catherine , les deux mains poſées ſur
l'inſtrument de ſon Martire , tenant de
la droite une épée , & de la gauche
une palme.

S. *Cecilia.* Elle joue de l'Orgue ; la tête eſt
de profil. Autre Ste Cecile dont la tête
eſt de trois quarts. A toutes les deux
eſt un Ange à côté de leur Orgue.

Viſitation de la Ste Vierge.

Ste Anne montrant à lire à la Ste Vierge.

S. *Maria Magdalena.* Elle eſt à genoux
dans une Grotte , priant Dieu , & re-
gardant le Ciel , d'où il ſort des rayons.
Au bas de l'Eſtampe eſt écrit : *P. P.*
Rubens. C. Galle.

F I N.

ŒUVRE

DE

JACQUES JORDAENS.

A

CATALOGUE

DE L'ŒUVRE

DE

JACQUES JORDAENS.

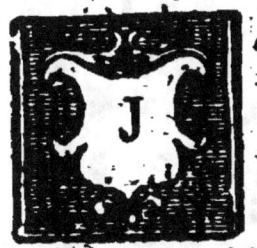

ACQUES JORDAENS,
naquit à Anvers en 1594.
Sa vie fut de 84. ans, n'é-
tant mort qu'en 1678. Il
fut éléve d'Adam Van-
Ort. Ayant été infatigable pendant
le cours d'une si longue vie, on juge bien que le nombre de ses Tableaux est immense ; les Palais des
Princes d'Allemagne en sont ornés,
les Eglises & les maisons particuliè-
res de Flandres en sont pleines. Les
engagemens qu'il prit fort jeune par
son mariage avec la fille de son Maître,

l'empêcherent d'aller en Italie, pour
y étudier d'après les grands Peintres.
Il avoit une grande admiration pour
les Tableaux du Titien, de Paul
Veronèſe, de Caravage, & du Baſſan.
Il en a copié un grand nombre, ce
qui l'a rendu un des plus grands Peintres de Flandres pour le coloris : il a
encore beaucoup étudié la Nature,
& y a fait de grands progrès. On lui
attribue d'avoir peint la plus grande
partie des Tableaux de la galerie de
Rubens. On dit que ce ſçavant Peintre l'appréhendoit pour la beauté de
ſon coloris, & pour l'intelligence de
ſes lumiéres : & beaucoup de Connoiſſeurs lui donnent la préférence
ſur Rubens dans ces deux parties de
la peinture. Il a beaucoup travaillé
pour Rubens, ce qui lui a fait beaucoup prendre de ſa maniére. On lui
reproche d'avoir été lourd dans ſes
figures qu'il a ſouvent forcées ; ce
défaut ne ſe trouve cependant point
dans tous ſes Tableaux ; & la plus
grande partie des Eſtampes qu'il a
gravées, ou que d'autres ont gravé
d'après-lui, le prouvent bien : les compoſitions en ſont belles, ſages & bien

deſſinées. Son Oeuvre eſt peu nom-
breuſe, & ne renferme que trente-
une Eſtampes. Il y a apparence que
c'eſt lui qui les a toutes fait graver, à
la réſerve des deux qui repréſentent
la Folie : j'en juge ainſi , parce qu'il
n'y a point d'adreſſe de Marchand
dans les premiéres épreuves, & que
quand il y en a , elles ſont poſtérieures. Dans les belles épreuves, à la
ſuite de ſon nom, il y a ſeulement, *Cum
Privilegio Regis.* Il auroit été à ſouhai-
ter pour les Amateurs, que le nombre en fût plus grand, & on peut les
mettre au rang des plus belles que l'on
ait d'après les plus grands Maîtres de
Flandres. Toùs les ſujets en ſont gra-
cieux, & les caractères de tête des
mieux exprimés : les effets de lumié-
re en ſont ſurprenans, & ſurpaſſent,
ſi j'oſe le dire , ceux de toutes les
Eſtampes que l'on ait encore gravées;
les Graveurs s'y ſont ſurpaſſés. *S.
Chelte à Bolſwert*, n'a rien gravé de
mieux, que le *Jupiter nourri par les
Satyres,* le *Dieu Pan qui garde des chè-
vres en jouant de la flûte,* & le *Concert;*
Io. Paul Pontius, que le *Roi-boit ; Marinus ,* que *la Sainte Apolline ;* P. de

Jode, que *la Nativité*, & le *S. Martin*.

Comme cette Oeuvre est fort petite, je changerai la méthode que j'ai suivie dans celle de Rubens : j'en donnerai les titres en entier, & quand il y aura des vers, j'en transcrirai les deux premiers, en conservant même les fautes d'ortographe qui s'y rencontreront, comme dans les titres.

PORTRAIT
DE JACQUES JORDAENS.

J'ai transcrit ce petit abrégé avec les fautes d'ortographe.

No. 1. EXCELLENT peinstre en grand, il faict connoistre son esprit relevé par sa belle maniere de peindre, est inventif en toute sorte d'ordonances, soit en poëíie, histoires, en dévotion & d'autres; il a faict les belles choses *racourtantes* pour le ´oy de Suede, & plusieurs autres Princes & Seigneurs, est né à Anvers l'an 1594 le 19. May, a faict son apprentissage chez son beau pere Adam Van Oort, tenant sa demeure en la ville de sa naissance. *Jac. Jordaens pinxit*, *Pet. de Jode Sculpsit*. *Jo. Meyssens*, *Excudit.* Cinq pouces deux lignes de haut, sur quatre pouces une ligne de large.

2. Nativité Titre : *Ridet, & instipulâ veniam peccantibus offert, Clementis speciem quàm bene parvus habet.* Jac. Jordaens, *invent.* &

pinxit, *Cum Privilegio*. Pet. de Jode *Sculp-sit*. 19 p. 7 l. de l. sur 15 p. 7 l. de h.

3. Nativité. Il y a quatre vers : *Nectare & Ambrosia civos qui pascit Olympi, Pastorum vili pascitur ecce cibo*. Jac. Jordaens *pinxit cum Privilegio*. Marinus *Sculpsit*. 15 p. 10 l. de h. sur 12 p. 7 l. de l.

4. Fuite en Egypte. Il y a quatre vers : *In Pharios Christus vehitur, cito lapsat Adonis : Quid mirum tenebra sole oriente labant*. Jac. Jordaens *pinxit*, *cum Privilegio*. P. Pontius *Sculpsit*. Il faut l'avoir avant l'adresse de A. Bloteling. 20 p. 8 l. de l. sur 15 p. de h.

5. Fuite en Egypte sans titre, gravée à l'eau-forte ; par Jac. Jordaens, *inventor*. 1652. 10 p. 7 l. de h. sur 7 p. 2 l. de l.

6. Jesus-Christ qui chasse les Vendeurs du Temple, sans titre, gravé à l'eau-forte ; par Jac. Jordaens, *inventor*. 12 p. 2 l. de l. sur 9 p. 5 l. de h.

7. Jesus-Christ interrogé devant Caïphe. Titre : *Tunc Princeps Sacerdotum scidit vestimenta sua, dicens, blasphemavit*. Jac. Jordaens, *invent*. Marinus *Sculpsit*. M. Van-den-Enden, *Ex. C. P. Ant*. Celles sous l'adresse de Gilles Hendricx, sont postérieures. 15 p. 5 l. de h. sur 12 p. 3 l. de l.

8. Jordaens a encore fait le même sujet, où on a mis le même titre. Toutes les figures sont différentes, à la réserve du soldat, qui va donner un soufflet à Jesus-Christ. Cette Estampe est sans nom de Graveur, & se vend chez M. Vanden-Enden. 14 p. 1 l. de h. sur 10 p. 11 l. de l.

9. Jesus-Christ devant Pilate. Titre : *Et vinc-*

A iiij

tum adduxerunt, & tradiderunt eum; Pontio Pilato Præfidi , Matt. 27. Jac Jordaens , Invent. Jac. Neefs, Sculp. Matt. Vanden-Enden , excudit cum Rrivilegio Antuerpia. Celles fous l'adreffe de G. Hendricx, font poftérieures. 15 p. 7 l. de h. fur 12 p. 3 l. de l.

10. Chrift. Il y a quatre vers : *Afpice peccator, pro te dominator olympi, Calvariis pendet victima cafa jugis.* Jac. Jordaens , *inventor & pinxit.* Scheltius à Bolfvvert , *Sculpfit.* Il faut l'avoir avant le *Cum Privilegio Regis* , qui eft entre les quatre vers. 23 p. 1 l. de h. fur 15 p. 7 l. de l.

11. Defcente de Croix , fans titre , gravée à l'eau-forte par Jordaens : Jac. Jordaens, *inventor* 1652. 10 p. 7 l. de h. fur 8 p. 3 L. de l.

12. *S. Martinus Turonenfis Epifcopus , Energumenum Tetradii proconfularis fervum à dæmonio liberarat : Tetradius cognita Dei virtute Baptifmi gratiam percepit.* Il y a à la fuite une Dédicace de trois lignes. Jac. Jordaens , *pinxit Cum Privilegio Regis.* Petrus de Jode *Sculpfit.* 25 p. 9 l. de h. fur 17 p. 7 l. de l.

13. Sainte Apolline , à qui on arrache les dents. Il y a quatre vers : *Artis opus laudas oculo cenfore, viator, Sculptoris cæli peniculumque ducem.* Jac. Jordaens , *pinxit Cum Privilegio.* Marinus *Sculpfit.* 23 p. 3 l. de h. fur 16 p. 8 l. de l.

14. Le Roi boit. Titre : *Diligentes in vino noli provocare, multos enim exterminavit vinum.* Ecclefiaf. cap. 31. Jac. Jordaens , *pinxit Cum Privilegio.* Paul Pontius , *Sculpfit.*

21 p. 6 l. de l. fur 14 p. 2 l. de h.

15. Argus garde Jo, & Mercure, après l'avoir endormi, fe prépare à lui couper la tête. Il y a fix vers : *Centum oculos Argus vigili cervice gerebat , Hos tamen incautos fopit Atlantiades.* Jac. Jordaens, *invent.* & *pinxit cum Privilegio.* Schelte à Bolfvvert, *Sculpfit.* Il faut l'avoir avant l'adreffe de A. Bloteling. 16 p. 2 l. de l. fur 14 p. 4 l. de h.

16. Mercure coupe la tête à Argus : gravé à l'eau-forte par Jordaens ; Jac. Jordaens, *invent.* 1652. fans titre & fans adreffe. Celles avec l'adreffe de A. Bloteling, font retouchées. 9 p. de h. fur 7 p. 10 l. de l.

17. Io : c'eft le moment où Jupiter l'arrête, & que Junon diffipe le brouillard ; gravé à l'eau-forte par Jordaens, fans titre. Jac. Jordaens, *inventor* 1652. 13 p. de l. fur 9 p. 6 l. de h.

18. Jupiter & Mercure fous la forme humaine, font rejettés par tous les habitans de la Phrygie, excepté de Philemon & de Baucis, qui leur donnent l'hôpitalité. Il y a fix vers : *Accubuere Dei, quid agat cum Baucide conjux, Unus ubi villæ pauperis anfer opes.* Jac. Jordaens, *invent.* & *pinxit Cum Privilegio,* Nicol. Lauvvers, *Sculp.* Celles avec l'adreffe de A. Bloteling, font poftérieures. 20 p. 5 l. de l. fur 17 p. 1 l. de h.

19. Jupiter enfant, nourri de lait de chèvre parmi les Satyres. Une femme exprime le lait du pis d'une chèvre, pour aider l'enfant à tèter. Un Satyre arrête d'u-

ne main la chévre par une corne, lui passe l'autre sous le col, & s'appuie sur son épaule; derriere lui un autre Satyre joue de la flûte. Gravé à l'eau-forte par Jordaens, sans titre; Jac. Jordaens, *invent.* 1652. 10 p. 6 l. de l. sur 7 p. 3. l. de h.

20. Le même sujet que ci-dessus. Jupiter pleure en montrant un pot à une femme qui trait une chévre, & un Satyre joue du tambour de basque. Il y a quatre vers: *Quid mirum natura Jovis si cedat amori, Et vaga per thalamos ambulet illicitos?* Jac. Jordaens *invent. cum Privilegio.* S. A. Bolsvvert, *Sculpsit.* Cette Estampe & la suivante sont les plus belles qu'on ait gravées d'après Jordaens. Il faut les avoir avant l'adresse de A. Bloteling. 17 p. 2 l. de l. sur 12 p. 9 l. de h.

21. Le Dieu Pan garde des chévres & des moutons en jouant de la flûte. Il y a quatre vers: *Pan sedet, & viridi ridens sub tegmine fagi, Depromit lepidos gutture dulce sonos.* Jac. Jordaens, *invent. pinxit.* S. A. Bolsvvert, *Sculpsit.* 15 p. 8 l. de l, sur 11 p. 8. l de h.

22. La Folie tient un chat dans la main. Titre: *Fatuo ridemur in uno.* Il y a huit vers, quatre François & quatre Hollandois, J. Jordaens, *invent.* Alex. Voet *junior Sculpsit & Excud.* 15 p. 9 l. de h. sur 12 p. 2 l. de l.

23. La Folie tient un hibou. Une femme derriere elle appuie une main sur son épaule, & de l'autre la montre au doigt; elles rient toutes deux. Il y a huit vers,

quatre Hollandois & quatre François,
*Al Syn wy maer met ons twee, · Doch ons
geslacht is sterck.* Jac. Jordaens, *pinxit.*
Petr, Jode, *Sculpsit.* Nicolas le Cat, *Excudit.* 17 p. 9 l. de h. sur 12 p. 10 l. de l.

24. Un Concert qui se fait après une colla-
tion. Il y a pour titre au-dessus des figures, *Soo D'oude songen soo pepen de jongen.*
Il y a quatre vers au bas de l'Estampe :
*Quod cantant patulo ore frequenter, Hoc
resonare tubis cauta juventa studet.* J. Jordaens, *invent. & pinxit cum Privilegio.*
S. A. Bolsvvert, *Sculpsit.* 16 p. 5 l. de l.
sur 10 p. 11 l. de h.

25. Un Satyre reçoit un passant dans sa grotte, & l'invite à dîner chez lui ; mais parce
qu'il soufle le froid & le chaud, il le ren-
voie. *La Font. Fab.* 7ᵉ. *liv.* 5. Il y a
six vers : *Iste frigus & ardorem flatu pellit,
hinc teporem.* Jac. Jordaens, *pinxit cum
Privilegio Reg.* Vostermans, *Sculp.* 14 p.
5 l. de h. sur 14 p. 9 l. de l.

26. Le même sujet que ci-dessus, d'une
composition toute différente. Il y a quatre vers : *Quem mirabaris flatu modo pelle-
re frigus, Agricolam, Capripes, nunc quid
inepte fugis.* Jac. Jordaens, *invent. cum
Privilegio.* Jacobus Neefs, *Sculpsit.* 14 p.
6 l. de l. sur 13 p. de h. Celle sous l'a-
dresse de A. Bloteling est postérieure.

27. Une femme à sa toilette. La Folie lui
tient un miroir. Un vieillard lui montre
une tête de mort, & lui rapelle ce qu'elle deviendra un jour. Il y a pour titre au-
dessus des figures : *Nosce te ipsum.* Au bas de

l'Eftampe il y a quatre vers ; *Stulta, quid
ad fpeculum faftus affinnis inanes, Atque
tibi formâ, quæ peritura, places?* Jac. Jordaens *pinxit*, fans nom de Graveur. 12
p. 3 l. de l. fur 9 p. 4 l. de h.

28. Un Faune qui tient un pannier plein
de fruits & de fleurs; du côté droit eft une
Cérès couronnée de fleurs & d'épics de
bled, à gauche il y a un homme qui fonne de la trompette. Jac. Jordaens, *invent.*
& *pinxit.* S. A. Bolfvvert, *Sculpfit.* Cette Eftampe eft la plus rare de l'Oeuvre,
vû que la planche eft en Pologne. 12 p.
10 l. de l. fur 10 p. 2 l. de h.

29. Un Berger qui dit des douceurs à une
Bergere, qui les reçoit avec dédain. Il y
a quatre vers : *O crudelis amica, nihil mea
vulnera curas, Nil noftri miferere, mori me
denique cogis.* Jac. Jordaens, *invent. cum
Privilegio.* Jacobus Neefs, *Sculpfit.* 10 p.
11 l. de h. fur 10 p. 9 l. de l.

30. Un Payfan arrête un bœuf par la queue,
& plufieurs Spectateurs & Spectatrices le
regardent faire : gravé à l'eau-forte par
Jordaens, fans titre. Jac. Jordaens, *inventor* 1652. 11 p. 4 l. de l. fur 7 p. 8 l.
de h.

31. Saturne dévorant un de fes enfants.
Il eft fur des nuées, la jambe droite plus
élevée & pliée ; la main avec laquelle il
tient l'enfant, eft appuiée fur fa cuiffe. Il
commence à dévorer l'enfant par l'efto-
mac, & tient fa faux de la main gauche.
Une draperie voltige derriere lui, l'enfant
pleure, & paroit de la main droite repouf-

fer la tête de fon pere ; il a les jambes croi-
fées l'une derriere l'autre, & un bras pendant, dont la main touche à fes pieds.
Cette Eftampe eft fort rare, je ne l'ai vûe
que dans l'Oeuvre de M. Mariette ; elle
eft fans titre, & fans nom de Graveur. Je
la crois gravée de Jordaens, elle eft toute
dans fa maniere de graver. 8 p. 10 l. de h.
fur 5 p. 7 l. de l.

CATALOGUE

DE L'ŒUVRE

DE

CORNEILLE VISSCHER,

Où les différens morceaux qui la composent sont distribués par Sujets, avec un détail des différentes parties de chaque Estampe, & leur hauteur & largeur : on y a joint plusieurs Indices & Remarques, pour en faciliter la connoissance, & les représenter à la mémoire.

AVERT-

AVERTISSEMENT.

SOIT en écrivant, soit même en parlant de ceux dont les talents nous plaisent, il est difficile d'éviter le penchant qui nous porte à les louer, même au-delà des bornes de l'exacte vérité. Ce n'est cependant pas mon intention dans le Catalogue que j'entreprens de publier. Mon -unique dessein est de faire connoître la beauté des Estampes de *Corneille Visscher*, d'en indiquer le nombre, & de faire remarquer celles qui font rares. Le goût que je n'ai jamais cessé d'avoir pour cet habile Graveur, m'a fait faire une étude sérieuse de ses Ouvrages, & la satisfaction toujours plus grande que je ressens à les revoir, a été pour moi plus que suffisante, pour me faire passer par-dessus la sécheresse qui accompagne ordinairement le travail d'un Catalogue.

CORNEILLE VISSCHER, doué par la nature des plus heureuses dispositions pour la gravûre, a sçû en profiter &

B

les mettre en ufage. Il a pénétré les
fécrets de l'art qu'il vouloit prati-
quer, & fon application l'a conduit
dans fon genre à un point de perfec-
tion, où, fi j'ofe le dire, il n'a pas encore eu d'égal. Il a poffédé la cou-
leur & la légereté du burin au plus
éminent degré. Ses gravûres à l'eau-
forte ne font pas moins l'admiration
des Connoiffeurs, furtout lorfqu'on
confidére l'inimitable accord qui fe
trouve dans les planches qu'il a faites,
partie au burin & partie à l'eau-forte,
ou, loin que ces deux fortes de gravûre, qui font fi différentes, fe heurtent,
elles s'aident au contraire mutuelle-
ment, & n'en rendent l'Eftampe que
plus belle ; ce qui eft d'autant plus
extraordinaire, que le brillant du burin fait toujours paroître l'eau-forte
rude, à moins qu'elle ne foit retouchée.

Cet habile homme n'étoit pas bor-
né à un feul talent. Car en même-
tems qu'il a fçû rendre avec la plus
exacte précifion & la plus grande
beauté les productions d'autrui, il a
poffédé éminemment l'art de l'Inven-
tion & de la Compofition ; avanta-

ges auſſi difficiles que rares à trouver
réunis. Nous avons de lui pluſieurs
ſujets en grand, qui font partie du
plus beau de ſon Oeuvre.

Il a deſſiné d'après-nature preſque
tous les portraits qu'il a gravés; & ce
qui eſt étonnant, c'eſt que, quoiqu'il
ne les ait gravés que d'après ſes deſſeins, on y remarque les couleurs des
carnations & des étoffes, comme s'ils
avoient été faits d'après des Tableaux.

Ce qui eſt encore à obſerver, & qui
n'eſt pas ordinaire même parmi nos
plus habiles Graveurs, c'eſt que dans
la plus grande partie de ſes portraits,
on ne voit point de ſens de taille ſuivis,
ayant été ſi maître de ſon burin & de ſa
pointe, qu'il s'en eſt ſervi, comme on
ſe ſert du crayon pour deſſiner. Les
Connoiſſeurs & les Artiſtes convien-
dront aiſément, que je ne dis rien de
trop dans tout ce que j'avance ici.
Je ne ſçai s'ils approuveront la méthode de ce Catalogue : mais je ne
l'ai entrepris que pour ma ſatisfac-
tion, & pour aider les nouveaux Curieux à faire de bons choix. Tout ce
que je déſire, c'eſt que mon travail

excite quelqu'un plus habile & plus entendu que moi à perfectionner mon Ouvrage.

Je suivrai dans ce Catalogue le même ordre que j'ai suivi dans celui de Rubens. Quand les titres seront trop longs, je ne mettrai que ce qu'il sera absolument nécessaire d'indiquer, soit les sujets, soit les portraits. Quand il y aura des vers & des dédicaces, je n'annoncerai que les trois premiers & les trois derniers mots de l'un & de l'autre, selon qu'ils se trouveront rangés. Pour les Estampes qui sont belles, ou rares, ou très-rares, je les désignerai par les lettres initiales, B. R. T. R. comme j'ai fait dans l'Oeuvre de Rubens.

Ce qu'on appelle le cabinet de Reynst, est une suite d'Estampes qu'un Curieux d'Hollande a fait graver à ses dépens, pour faire présent à ses amis, & pour illustrer la collection considérable qu'il avoit faite d'après les plus beaux Tableaux qu'il avoit de différens Maîtres, dont *Visscher* a gravé une partie.

SUJETS DE PIETE'.

1. L'ANGE qui ordonne à Abraham de quitter son pays, & d'aller dans la terre qu'il lui montrera. Bassan, *pinx.* du Cabinet de Reynst. 13 pouces 7 lignes de large, sur 10 pouces 9 lignes de haut. B. R.

2. Abraham étant arrivé à Sichem, Dieu lui apparoît, & lui promet de donner à sa postérité le pays de Chanaan. Bassan, *pinx.* du Cabinet de Reynst. 13 p. 7 l. de l. sur 10 p. 9 l. de h.

3. La Chaste Suzanne surprise dans le bain par deux Vieillards, sans nom de Peintre ni de Graveur; c'est d'après le Guide. Ce Tableau est dans le Cabinet de Monseigneur le Duc d'Orleans; du Cabinet de Reynst. 13 p. 10 l. de l. sur 10 p. 9 l. de h.

4. Un Christ au Tombeau, sans titre. Tintoret, *pinx.* du Cabinet de Reynst. 14 p. 5 l. de h. sur 10 p. 5 l. de l.

5. Résurrection; sans nom de Peintre ni de Graveur; mais il est sûr que c'est d'après Paul Veronese. Au bas de l'Estampe il y a une banderole sur laquelle est écrit: *Ego & Pater unus sumus.* Du Cabinet de Reynst. 15 p. de h. sur 11 p. 4 l. de l.

6. L'Enfant-Jésus sur les genoux de la Vierge, qui joue avec des fleurs. On voit dans le fond de l'Estampe un Ange qui conduit Tobie. Du Cabinet de Reynst. 14 p. 2 l. de l. sur 10 p. 5 l. de h.

7. Une Sainte Famille, dans laquelle il y a un S. Jean qui présente une poire à

l'Enfant-Jeſus. *Johannes Vander-Horſt Ex.* 10 p. 6 l. de h. ſur 8 p. 5 l. de l. R.

8. Une Sainte Famille. L'Enfant-Jeſus eſt ſur les genoux de la Vierge : il a un pied appuié ſur un oreiller ; S. Jean lui préſen- te des fruits ; S. Joſeph eſt dans un loin- tain, ſa tête appuiée ſur ſa main. Cette Eſtampe eſt des commencemens de Cor- neille Viſſcher, ſans nom de Peintre ni de Graveur. Du Cabinet de Reynſt. 13 p. 9 l. de l. ſur 10 p. 3 l. de h.

9. Une Vierge tenant dans ſes bras l'En- fant-Jeſus : elle eſt environnée d'Anges, dont deux la couronnent. *T. Qua eſt iſta…. Caſtrorum acies ordinata.* P. P. Rubens, *pinx. Soutmano dirigente.* 22 p. 8 l. de h. ſur 16 p. 9 l. de l.

10. Les quatre Evangéliſtes, demi - Corps inventé & gravé par Corn. Viſſcher, *& Ex. Harlemi* 1650. 8 p. 3 l. de h. ſur 7 p. de l.

11. S. François, T. *Cupio diſſolvi & eſſe cum Chriſto,* Philip. 5. P. P. *Rubens pinx.* P. Soutman ; *Ex. C. P.* Il n'y a que la tête du S. François qui ſoit gravée par Corn. Viſſcher. 15 p. 9 l. de h. ſur 13 p. de l.

12. Une ſuite de dix-ſept Saints & de deux Saintes, qu'on appelle communément les Saints de Flandres. Voici leurs noms : S. Aloyn, S. Willebrod, S. Sultbert, S. Marcellyn, S. Jeron, S. Egbert Abbé, S. Wlfran, S. Martin, S. Odolf, S. Gré- goire, S. Frederik, S. Boniface, S. Lu- beyn, Sainte Curena, Sainte Lyduvina, S. Gangulphe, S. Adelbert, S. Engel- mond, S. Werenfridus. Il y a un titre.

P. Soutmant Inveniebat & Ex. Harlemi 1650. Ils sont tous de même grandeur de 14 p. 8 l. de h. sur 11 p. 1 l. de l.

13. Jugement dernier. *T. Omnes enim nos....* *Bonum sive malum.* 2. Cor. 5. P. P. *Rubens Pinx*, P. Soutman, *Ex.* 22 p. 9 l. de h. sur 17 p. 5 l. de l.

Sujets Historiques & variés.

14. LA Fricasseuse ou la Faiseuse de gâteaux à la poële, que l'on nomme Kouck ou Baignets. C'est une Estampe des plus estimées de Vischer : pour l'avoir belle, il faut l'avoir avant le nom de Clément de Jonghe. 15. p. 10 l. de h. sur 12 p. 8 l. de l.

15. Le Joueur de Vielle accompagné de cinq enfans, dont un joue du Violon. C'est une des plus belles Estampes & des plus rares à trouver, belle épreuve de Vischer; vû qu'elle a été gravée à l'eauforte, & d'une gravûre fine qui dure peu, & est très-difficile à imprimer. A. V. *Ostade pinx*. 13 p. 11 l. de h. sur 11 p. 4 l. de l.

16. Un homme qui vend de la mort aux Rats; il y a un petit garçon à côté de lui qui tient un pannier au bout d'un bâton, dans lequel on voit des Rats. Pour avoir cette Estampe & la suivante belles, il faut les avoir avant le nom de Clément de Jonghe & sans titre. Dans celle-ci le nom de Vischer est au haut de la planche. Elles sont toutes deux inventées par Corn. Vischer. 13 p. 4 l. de h. sur 11 p. 4 l. de l.

17. La Bohémienne, ou la Nourrice qui donne à têter à un petit enfant; elle en a deux autres, dont un à côté d'elle qui mange de la bouillie, & l'autre attaché sur son dos qui pleure. Le nom de Viſſcher doit être dans la marge de la planche; on l'a ôté pour y mettre le titre. 13 p. 4 l. de h. sur 11 p. 4 l. de l.

18. Une suite de trois Eſtampes très-belles & bien difficiles à trouver, parfaites épreuves, d'après Van-Laer, dit *Bamboche*. On les appelle communément:

La premiere, le Coche volé. 17 p. 10 l. de l. sur 13 p. 6 l. de h.

La seconde, le coup de piſtolet. 14 p. 1 l. de l. sur 11 p. 4 l. de h.

Nota. Je ne ſçai pourquoi on nomme ainſi ces deux Eſtampes. La premiere paroit être un Convoi de guerre, qu'un parti ennemi, sortant d'un embuſcade, attaque & combat; la seconde, eſt plûtôt le Coche volé.

La troiſiéme, se nomme le Four. 14 p. de l. sur 11 p. 5 l. de h. Ces trois Eſtampes ſont du Cabinet de Reynſt.

19. Un homme aſſis au bord de l'eau, dans laquelle il a le talon; il tient l'autre pied dans ſes deux mains; à côté de lui eſt une Blanchiſſeuse, qui rit en le montrant du bout du doigt, & une femme courbée vûe par derriere. On voit un chien qui boit dans l'eau, Il y a deux vaches, deux moutons & un bouc.

20. Le pendant de cette Eſtampe eſt un Chaſſeur à cheval qui tient un chien en leſſe; un Valet ſort d'une écurie avec

un

un cheval, & un homme aſſis habillé
d'une veſte de peau, qui lui parle, en ca-
reſſant des chiens. *P. D. Van-Laer pinx.*
Edouvaert de Booys Ex. 15 p. 8 l. de l. ſur
11 p. 8 l. de h.

21. Un Clair de Lune qui fait appercevoir
un Voleur qui a un fuſil, & une épée à
ſon côté , & qui conduit par le licol deux
chevaux, dont un eſt attaché à la queue
de l'autre. Il y a un homme mort à côté
des jambes du premier cheval ; derriere
eſt une Payſanne qui ſe déſole , & à
côté d'elle un Voleur qui la menace. On
voit le feu dans une maiſon.

22. Le Pendant de cette Eſtampe eſt un
un Payſan & une Payſanne qui gardent
des vaches & des chévres. Elles ſont toutes deux peintes par P. D. Van-Laer. 13
p. 3 l. de h. ſur 10 p. 8 l. de l.

23. Une Tabagie de ſix hommes, dont un
tourne le dos au feu. Il y a une femme & deux enfans. Pour avoir cette Eſtampe belle , il faut l'avoir avant les
noms de A. V. Oſtade & de Viſſcher. 15.
p. 9 l. de h. ſur 12 p. 8 l. de l.

24. Une Tabagie de deux hommes & d'une
femme qui tient un gobelet à la main. *T.*
Vivitur parvo bene. Il y a huit vers Hollandois : *Men Seyt tis... biertien en toeback.*
A. V. Oſtade pinx. Clement de Jonghe Ex.
8 p. 5 l. de h. ſur 7 p. 6 l. de l.

25. Un homme & une femme dans une Tabagie. L'yvrognerie & la lubricité ſont
peintes dans leur phyſionomie. *A. V. Oſta-*
de pinx. Ex. 9 pouc. 3 lig. de h. ſur 7 p.
de l.

C

26. Une Tabagie où il y a un homme qui joue du Violon , trois qui chantent , & un autre qui va boire. *T. Trahit sua quemque voluptas. A. Brouwer , pinx.* 9 p. 3 l. de h. sur 7 p. de l.

27. Une Tabagie de cinq hommes, dont un fume dans une attitude renversée; un autre boit ; un troisiéme tient du Tabac sur du papier, qu'il remue de l'autre main. On attribue cette Estampe à Visscher, quoique sans nom de Peintre & de Graveur. 6 p. 6 l. de h. sur 8 p. 4 l. de l. B. R.

28. Une Tête plus grosse que demi-Nature , gravée sur un dessein fait d'après la Bosse , & qui a une main appuyée sur la poitrine. C'est une des plus belles Estampes qu'il y ait dans la gravûre , tant pour la beauté du burin, que pour le moëleux qui y domine. Du Cabinet de Reynst. 13 p. 7 l. de h. sur 9 p. 6 l. de l.

29. Un Chirurgien qui panse un homme au pied, & une femme dans le fond appuyée sur une table ; elle tient un emplâtre, & on voit la douleur peinte sur les trois Physionomies. *Brouwer , pinx.* 13 p. 2 l. de l. sur 10 p. 1. l. de h.

30. L'Antiquaire. C'est un Curieux dans son Cabinet orné de plusieurs Bosses , qui tient dans sa main une Pagode. Elle est du Cabinet de Reynst. 14 p. de l. sur 11 p. 4 l. de h.

31. Une Assemblée de six Gueux, dont deux sur la droite jouent aux Cartes, & les quatre autres forment un Groupe : de ce Groupe deux jouent au jeu de la Mourre, & les deux autres paroissent Spectateurs;

un des deux est couché sur le ventre, & occupe le devant de l'Estampe.

32. Une Femme montée sur un âne, & qui conduit deux bœufs. Il y a à côté d'elle un homme qui boit dans son chapeau, à gauche un cheval avec des panniers, & un peu plus loin un homme à cheval qui conduit trois bœufs, & suivi d'un chien : au milieu des deux groupes est une chévre.

33. Une Hôtellerie, où on voit deux chevaux dans une écurie, dont un mange du foin, & un valet qui en selle un autre à la porte de l'Hôtellerie.

34. Un Maréchal qui ferre un cheval, un garçon qui tient le pied du cheval, & un Cavalier à cheval qui cause avec le Cavalier dont on ferre le cheval. Ces quatre Estampes ci-dessus font une suite, & sont peintes par P. de Van-Laer à Rome. 14 p. 1 l. de l. sur 10 p. 6 l. de h. Quoiqu'on attribue ces quatre Estampes, comme les six dernieres de mon Catalogue, à Corn. Visscher, je n'y vois point sa maniere de graver : je les crois toutes de J. Visscher, & les quatre premieres, aussi-bien que les deux numérotées 96 & 97, de ses premiers commencemens. Cependant, ne voulant point m'en rapporter à mes propres lumieres, j'ai consulté Messieurs Surugue, Dupuis, & Aliamet, qui sont trois des plus habiles Graveurs que nous ayons : ils ont tous jugé comme moi, qu'elles étoient de J. Visscher.

35. Quatre Paysages d'après Berghem. Le premier est un homme sur un cheval, habillé d'une veste de peau, & qui tient un

C ij

bâton dans fes mains, avec une femme qui
tient un pacquet fous fon bras, & un bâton dans fa main : il y a un petit chien ,
une vache & une chévre.

36. Le fecond, eft une femme affife fur un
âne, & qui parle à un homme. Il y a un
chien , des vaches & des moutons

37. Le troifiéme, eft une femme qui trait
une vache, & une autre femme qui lui
parle : celle-ci a un panier fur fa tête , &
un autre à fon bras. Il y a encore une autre vache, & une chévre qui broute.

38. Le quatriéme, eft une femme fur un
âne, avec un enfant qui tette ; un homme
eft appuyé fur l'âne, & un petit chien les
careffe. Il y a un Berger, un cheval, une
vache & des moutons. 9 p. 9 l. de l. fur
7 p. 7 l. de h.

39. Quatre Payfages d'après Berghem. Le
premier repréfente une fontaine, où il y a
deux femmes avec du linge , deux hommes à cheval, & une femme fur un mu-
let ; un des deux chevaux boit dans l'au-
ge de la fontaine. On voit deux chiens,
& une femme à cheval dans le lointain.

40. Le fecond, eft une femme affife qui
donne à tetter à un enfant; un homme lui
parle, & eft appuyé fur une vache. Il y
a un ânon, une chévre, des moutons , &
un petit enfant dans le fond, qui joue : à
côté de cet enfant eft un chien , & une
efpéce de porte d'où fort un autre chien
& un âne.

41. Le troifiéme, eft une femme qui a un
pacquet fous fon bras, & qui paffe une

riviere, où un homme fait boire fon cheval. Dans le lointain de l'Eſtampe eſt un
autre homme à cheval qui tient un bâton
dans ſes deux mains. Il y a des vaches,
des moutons, une chévre & un chien répandus dans l'Eſtampe.

42. Le quatriéme, eſt un homme aſſis, qui
a ſa main ſur ſa poitrine, & qui garde
des bœufs, des moutons & un âne. 9 p.
9 l. de l ſur 7 p. de h.

43. Achille à la Cour de Lycoméde, y eſt
reconnu par Ulyſſe, qui préſente des bijoux aux filles du Roi. Il y a ſix vers :
*Ecce puellares oculos.......ad arma ma-
nu. P. P. Rubens pinx. Petr. Soutmans ,
Ex. C. P.* 20. p. 1 l. de h. ſur 16 p. 7 l.
de l.

44. Le Roi de Suéde conduit la Reine au lit
nuptial. Il y a deux Dédicaces ; la premiere, à Charles Guſtave Roi de Suéde ;
& la ſeconde, à Hedwige Eleonor Reine
de Suéde. Cette Eſtampe eſt très-rare.
15 p. 7 l. de l. ſur 11 p. 4 l. de h.

45. Le couronnement d'une Reine de Suéde. Il y a deux Dédicaces ; la premiere ,
*Sereniſſimus ac Potentiſſimus P. Dominus
Carolus Guſtavus ;* & la ſeconde , *Sereniſſima ac Potentiſſima Princeps ac Domina
Dom. Hedwig Eleonora.* 23 p. 3 l. de l. ſur
15 p. 11 l. de h.

46. Un Titre qui paroît avoir été fait pour
un Recueil de Géographie. Il y a deux
hommes, dont un ſe repoſe ſur un bâton,
& un autre à côté de lui qui tire une fléche; de l'autre côté eſt une femme qui repréſente la miſère, & qui ronge un os. Il y a

au haut de l'Eſtampe un homme aſſis ſur
une boule, d'où il ſort des vents ; il tient
un arc d'une main, & une fléche de l'autre. Au bas de l'Eſtampe il y a de l'eau
dans laquelle on voit un Veau Marin &
un Ours. T. R.

    Nota. Cette Eſtampe n'eſt point de
VViſcher, mais de *Corn. van Dalen* Junior : c'eſt par erreur qu'on l'attribue au
premier.

47. Un petit garçon qui tient une chandelle
allumée, & une petite fille qui tient une
ratiere, dans laquelle il y a un Rat. 7 p.
1 l. de l. ſur 5 p de h.

48. Une femme qui tient une chandelle allumée dans ſa main, & un jeune garçon
qui vient y allumer la ſienne. *T. Quis vetet appoſito... deperit inde nihil. P. P. Rubens pinx. & Ex.* C. P. R. C. S. J. & O. C.
ſans nom de Graveur ; mais il eſt ſûr que
c'eſt de Corn. Viſſcher. 8. p. de h. ſur 7 p.
de l.

49. Marius couché ſur ſon tombeau. Il y a
un Chriſt au-deſſus du tombeau, & beaucoup de têtes de Cherubins autour du
Chriſt ; au bas du tombeau il y a un bas
relief dans lequel ſont pluſieurs Génies,
dont deux tiennent un ſerpent qu'ils po-
ſent ſur une tête de mort couronnée de
laurier, & au-deſſous eſt écrit : *Fortiter,
ſed ſuaviter.* Il y a de plus huit vers : *Hier
Fluimert Marius... Godts Kercke Waeckte.*
16 p. 10 l. de h. ſur 12 p. de l.

50. Une ſuite de dix Eſtampes, ſans com-
prendre quatre pages d'écriture, que l'on
appelle communément *les Gots & les Vi-*

figots. La Dédicace eſt, *Guſtavus Adolphus Magnus Suedorum,* &... *Rex, & Chriſtina Guſtavi Magni Filia Suedorum,* &... *Regina.* En voici la deſcription : 1°. Le titre où eſt le Roi & la Reine de Suéde. 2°. Le Roi de Suéde. 3°. La Reine de Suéde 4°. Gothus. 5°. Wandalus. 6°. Suevus. 7°. Herulus. 8°. Gepida. 9°. Marcomanus. 10°. Quadus.

51. Un Chat accroupi, derriere lequel eſt un rat. Corn. Viſſcher, *Ex. 6.* p. 9 l. de l. ſur 5 p. de h.

52. Un autre chat accroupi ſur une ſerviette. Ce ſecond chat eſt très - rare. 4 p. 5 l. de l. ſur 3 p. 6 l. de h.

PORTRAITS.

1. UN Portrait que l'on dit être le Portrait de Corn. Viſſcher, ſans autre écriture que, *Corn. Viſſcher fecit anno* 1649. Il a un chapeau en pain de ſucre, & une main appuyée ſur ſa poitrine. 4 p. 11 l. de h. ſur 3 p. 5 l. de l.

2. Autre Portrait de Corn. Viſſcher, ſans autre écriture que, *Corn. Viſſcher fecit anno* 1651. Il a encore un chapeau en pain de ſucre. Il s'eſt gravé avec un air riant, enveloppé dans ſon manteau. 5. p. 11 l. de h. ſur 3 p. 5 l. de l.

3. D. H. *Andreas Deonyſzoon Winius Zyne Zaerſe Majeſteits van Ruſlanis Commiſſarius en Molk Olderman.* Il y a dix vers : *De Kroon van... hem Weder begenadight.* On appelle ce Portrait communément, *l'Homme au piſtolet :* c'eſt un des Portraits des plus rares, & le plus cher des Portraits de Viſſcher. 11 p. 8 l. de h. ſur 9 p. 4 l. de l.   C iiij

4. *Gellius de Bouma Ecclesiastes Zutphanien-*
sis, *out int* 77 *jaer en int* 55. *jaer zin be-*
dienninghe. Il y a quatre vers Latins, &
quatre Hollandois : *Ora viri vultumque....*
van godes Kerck. On l'appelle communément & le suivant, *les grandes Barbes ;*
ils sont des plus beaux que Visscher ait
gravés. 12 p. 9 l. de h. sur 10 p. 6 l. de l.

5. *Den Wel Eeruaren Guilliam de Ryck ooge*
Meester tot Amsterdam. Il y a douze vers :
So ymant Wiens. . . . isser geen gesicht. Ce
Portrait a souffert beaucoup de changemens, depuis les premieres épreuves. La
lévre supérieure ne paroissoit point, la
barbe la couvroit, & passoit par-dessus
la bouche ; du côté droit la tête & la barbe étoient plus coloriées, & la main plus
articulée. Dans les secondes épreuves, il
n'y a qu'une taille légère sur le haut de
l'oreille. 11 p. 8 l. de h. sur 10 p. de l.

6. *Illustrissimus ac Reverendissimus Dominus*
D. Rovenius Archiepiscopus Philippensis V-
car. Apost. &c. Il y a douze vers : *Belga*
Philippensis quid. . . . evit ille viros. 15 p.
de h. sur 12 p. 1. l. de l.

7. *R. D. Mr. Joannes Merius Pastor in Span-*
broeck, &c. *Oblit anno* 1662. *Feb.* 19. *æt.*
63. Il y a six vers Latins,& six Hollandois:
Dum dolet ereptum. . . . evit en hart. 14 p.
11 l. de h. sur 10 p. 7 l. de l.

8. *R. D. M. Cornelius Vosbergius Pastor in*
Spaerwouw, &c. *Anno* 1653. Il y a six
vers Latins, & six Hollandois : *Hac tibi ,*
Corneli. . . . Een Harder doet. Ce Portrait a
deux mains, dans l'une desquelles il tient
un livre. 10 p. 2 l. de h. sur 8 p. de l. B. R.

9. *Admodùm Reverendus & Ampliffimus Dominus D. Joannes Wachtelaer Ultrajeêt. S. Theol. Lic.* &c. A la fuite du nom & qualités, il y a huit lignes d'écriture. . . *Reddidit ars fato. . . cura fidefque dabunt.* Ce Portrait a deux mains : il en a une appuyée fur une livre, & l'autre fur le bras de fon fauteuil. 14. p. 9 l. de h. fur 11 p. 1 l. de l. R.

10. Un Portrait dans une bordure ovale, autour de laquelle eft écrit : *Reverendus admodùm Dominus Guillelmus Vanderzande S. Th. Lic. natus.* Il y a des armes au haut de la bordure, & au bas un cartouche, dans lequel il y a quatre lignes d'écriture : *Wie Sande Zinen godturnchtigh en geleert. P. Soutman pinx.* 9 p. 7 l. de h. fur 6 p. 9 l. de l. B. T. R.

11. Un Portrait dans une bordure ovale, où eft écrit autour : *R. P. F. Adrianus Motmans Ord. FF. Minorum Provinc.* Aux quatre coins de la bordure il y a en haut des têtes de Cherubins, & au bas une tête de mort & un encenfoir. Il y a huit vers : *Wie Motman Zoeckt. . . . Van-Smans Geweten.* 7 p. 6 l. de h. fur 6 p. 6 l. de l.

12. Un Portrait dans une bordure ovale, qui pofe fa main fur fa poitrine. Il eft écrit dans la bordure : *R. P. Joannes Boelenfz Ord. Minor. Reg. Obf.* Il y a des armes, avec ces mots fur une banderole : *Sanêtitate & doêtriná*, & dans un cartouche il y a fix vers : *Gelych de Wapenring. . . Sterckze met hebede.* Jacob Janfen Straetman *Ex.* 10 p. 9 l. de h. fur 7 p. 1 l. de l.

13. *Hadrianus Pauw Eques Ordinis S. Mi-*

chaelis *Dominus de Heemste de Hogerfmil-*
de Rietwieck Nieverk, &c. Il y a neuf lignes d'écriture, & au-deſſous des neuf
lignes eſt écrit : *Pietate, patientiá,& pace.*
Ger-van-Honthorſt pinx. Direct. P *Sout-*
mant. Corn. Viſſcher æri incidit. C. P. 9 p.
3 l. de h. ſur 8 p. 9 l. de l.

14. Un Portrait dans une bordure ovale,
dans laquelle eſt écrit : *David Piſlerz des*
Uries Artellery Meeſter van de Staten. Il eſt
en cuiraſſe avec une main, dans laquelle
il tient un bâton de Commandement Il
y a au haut dans les coins de la bordure
des attributs de guerre, & au bas un cartouche dans lequel il y a huit lignes d'é-
criture : *Dus Maulde een.... Wapen zorg*
bekomen. 7 p. 5 l. de h. ſur 5 p. 5 l. de l.
T. R.

15. Vondelius, tenant un papier à la main;
il y a pluſieurs livres ſur deux tablettes.
Ce Portrait a ſouffert beaucoup de changement. Au-deſſus de la ſeconde tablette, il
y avoit un Faune & un petit enfant à ſes
pieds; on a remis à la place du Faune,
une figure qui repréſente la Foi : dans
un papier à la premiere tablette, où eſt
le nom de Viſſcher, on a remis dans les
troiſiéme épreuves une tête de Satyre, &
dans le papier qu'il tient à la main : *Hos*
beabit divite linguâ. Il y a eu encore des
changemens dans le fond : on a mis trois
figures dans les épreuves poſtérieures,
pour repréſenter un embraſement de
Troye. Il y a au bas du Portrait quatre
lignes d'écriture : *Quod tuba Virgilii.....*
Omnibus arte prior. 9 p. 5 l. de h. ſur 7 p.
9 l. de l.

16. Un Portrait dans une ovale ſans bordure; il eſt écrit au bas : *Jacob Weſterbaen
Heer van Brandwick en Gybland Ridder* ,
&c. 3 p. 9 l. de h. ſur 3 p. 1 1. de l. T. R.

17. & 18. Les Portraits de *Henderukus du
Booys* , & de *Helena Leonora de Sieveri*
ſon épouſe. Ils ſont tous deux gravés
de même grandeur. Pour les avoir des
premieres épreuves , il faut qu'il n'y ait
point écrit à la ſuite des noms : *E Collec-
tione Nobiliſſimi Joannis Domini Somers.* Ils
ſont tous deux gravés d'après Ant. Van-
Dyck. *Eduwaert du Booys Ex.* 7 p. 8 l.
de h. ſur 6 p. 9 l. de

19. Un Portrait dans une bordure ovale.
Il eſt écrit dans la bordure : *Alexander
VII. Pont. Opt. Max. Juſtitiâ & veritate.* Il
y a au-bas du Portrait un cartouche,dans
lequel il y a un titre & ſix vers, & deux
enfans à côté du cartouche qui ſoutiennent des guirlandes de fruits, accrochées
à un autre cartouche où il y a des armes.
11 p. de h. ſur 8 p. 9 l. de l.

20. & 21. Les Portraits de *Meeſter Michiel
Sparenbeeck van Kranenburgh* , & de *En-
geltie Pieters Koylleue.* Ils ſont gravés à
l'eau-forte, dans des bordures qui repréſentent la pierre. Ils ſont très-rares. Le
mari eſt coëffé avec un bonnet de poil ;
il a les cheveux crépus & une barbe
blanche : la femme eſt coëffée avec une
toque , & elle a une fraiſe autour du col.
6. p. 7 l. de h. ſur 5 p. 6 l. de l.

22. *Coppenol* , appellé communément l'E-
crivain. Il y a huit vers : *Op. de print.
Uliegens altoos t'Samen. C. de Viſſcher ad*

vivum delineavit, tribus diebus ante mortem, ultimam manum impofuit anno 1658.
9 p. 7 l. de h. fur 8 p. 3 l. de l.

23. *Petrus Scriverius Harleme sis.* Pour avoir
ce Portrait des premieres épreuves, il faut
que le front au-deflus du coin de l'œil
droit, les cheveux qui cachent l'oreille.&
le bas de la barbe, foient couverts de
tailles. Il a été retouché plus noir dans
fon tout, & on a omis de couvrir en entier les endroits ci - deflus. Il y a vingt-
un vers : *Vitam quæ faciant... quæ faciunt
beatiorem. P. Soutman ping. & Ex. Harlemi 1649. C. P. P. Soutman dirigente.* 14
p. 6 l. de h. fur 10 p. 7 l. de l.

24. Jean Paep. Ce Portrait a deux mains ;
de l'une, il montre la bourfe d'Amfler-
dam ; de l'autre, il tient un cartouche,
dans lequel eft écrit le métier qu'il faifoit,
& qui étoit de fournir des Commis ou
Garçons de boutique aux Marchands.
10 p. 3 l. de h. fur 7 p. 3 l. de l.

25. Viffcher a encore gravé ce même Portrait demi-corps & fans mains, avec les
mêmes indications au bas du Portrait. Ils
ont été gravés pour être diftribués dans la
ville, comme les Marchands font ici
leurs adreffes. 5 p. 8 l. de h. fur 5 p. 3 l.
de l.

26. Un Portrait de Vieille coëffée fingulié-
rement, & que l'on dit être la mere de
Viffcher, fans autre écriture que, *Cornelius de Viffcher ad vivum delineavit & fecit
aq ià forte. Nicolaus Viffcher Ex.* 4 p. 9 l.
de h. fur 3 p. 3 l. de l.

27. Autre Portrait de Vieille coëffée avec

un bonnet ; gravé à l'eau-forte fans nom
de Graveur. Il eft fûr qu'il eft gravé par
Corn. Viffcher. On dit que c'eft encore la
mere de Viffcher. 4 p. 7 l. de h. fur 4 p.
6 l. de l.

28. Gaffendi. Il y a huit vers Latins : *Talis erat veterem... Pagina docta fenis.* Ce
Portrait eft des commencemens de Viffcher. T. R. 5 p. 4 l. de h. fur 4 p. 6 l. de l.

29. Conftanter. C'eft un Portrait dans une
ovale fans bordure. Il y a au-bas en chiffre 1657. Il a été gravé par Viffcher d'après le deffein de *Chriftianus C. F. Hugenius*, qui étoit fon fils. 6 p. 7 l. de h. fur
5 p. 4 l. de l. B. T. R.

30. Un Portrait dans une ovale en cuiraffe,
avec une main qui tient un bâton de
Commandement. Il eft écrit dans la
bordure : *David Pieterz de Uries Artellery Meefter van de Staten.* Il y a au haut
de la bordure des attributs de guerre,
& au-bas un cartouche orné de deux
dauphins. Il y a dans le cartouche huit
lignes d'écriture : *Dus maulde een...Wapen zoor bekomen.* 7 p. 5 l. de h. fur 5 p.
5 l. de l. T. R.

31. Un Portrait dans une ovale, qui tient un
livre dans la main. Il eft écrit dans la
la bordure : *Reverendiffimus admodùm Dominus ac Magifter Petrus Isbrandi vyt Geeftanus Hebraica.* Il y a au-bas de la planche fix vers : *VVaerom lachie Meefter....
Ufchooven in v'hand.* Il y a un cartouche au
haut de la bordure, dans lequel eft écrit :
Dient got in blydfcap. 8 p. 11 l. de h. fur
7 p. 8 l. de l.

32. *Robertus Junius Roterod. Bat. vocatus in Indiam an.* 28. *Pastor.* Il a un bras appuyé sur un livre qui est posé sur une table. Il y a quatre vers Latins & quatre Hollandois : *Hac forma formosa.... Kroon van Zilverhaar* ; & au-dessous des vers une Dédicace. 10 p. 9 l. de h. sur 8 p. 7 l. de l.

33. Ce même Portrait a été copié un peu ·plus petit , & du même côté.

34. Corneille Visscher a encore gravé le même Portrait dans une bordure ovale , autour de laquelle est écrit : *Robertus Junius Rott. Beroepen na Indien in t. Jaar.* 1628. Au-bas du Portrait, il y a huit vers Latins & huit Hollandois : *Arctatur spatio magnus.... Verlichter Veeler oogen.* Ce dernier portrait est peint par Palmidas , & mieux gravé que celui ci-dessus. 9 p. 4 l. de h. sur 7 p. 7 l. de l.

35. *Fredericus Henricus à Nassau Princeps Arausionum* , &c. *Ger. van Hondt - Horst pinx. P. Soutman dirigente C. P. anno* 1649. 13 p. 1 l. de h. sur 10 p. 9 l. de l.

36. *VVilhelmus à Nassau Fr. Henr. Filius Princeps Arausionum* , &c. *Ger. van Hondt-Horst pinx. P. Soutman dirigente C. P. anno* 1649. 13 p. 1 l. de h. sur 10 p. 9 l. de l.

37. *Henrietta Catharina à Nassau Fr. Henr. Principis Arausionum filia , Desponsa Ennoni Ludovico Orientalis Frisiæ Comiti*, &c. *Ger. van Hondt-Horst pinx. P. Soutman dirigente C. P. anno* 1649. 13 p. 9 l. de h. sur 10 p. 9 l. de l.

38. *Loisa à Nassau Fred. Henr. Principis Arausionum filia Primogenita, Uxor Marchio-*

nis Brandenburgici Elect. S.R.Imp. Ger. van
Hondt-Horst pinx. P. Soutman dirigente C.
P. anno 1649. 13 p. 3 l. de h. fur 10 p. 8 l.
de l.

39. *Maria Caroli Imi. Magnæ Britanniæ Regis*
filia Primogenita , Wilhelmi Arausionum
Principis Uxor. Ger. van Hondt-Horst pinx.
P. Soutman dirigente C. P. anno 1649. 13 p.
3 l. de h. fur 10 p. 10 l. de l.

40. *Albertina Agnes à Naffau Fred. Henr.*
Principis Arausionum filia secundò Genita.
Ger. van Hondt-Horst pinx. P. Soutman di-
rigente C. P. anno 1649. 13 p. 2 l. de h. fur
10 p. 9 l. de l.

41. *Maria à Naffau Fred. Henr. Principis*
Arausionum filia quarto Genita. Ger. van
Hondt-Horst pinx. P. Soutman dirigente. C.
P. anno 1649. 13 p. 2 l. de h. fur 10 p. 9 l.
de l.

42. *Chriſtina Guſtavi Magni filia Suedorum ,*
&c. *Regina. Ex. P. Soutman Harlemi ,*
1650. C. P. 12 p. 11 l. de h. fur 10 p. 8 l.
de l.

43. *Fredericus VVilhelmus Marchio Branden-*
burgicus S. Rom. Imp. Elector. Ger. van
Hondt-Horst pinx. P. Soutman dirigente C.
P. anno 1649. 13 p. 3 l. de h. fur 10 p. 10
l. de l.

44. *Carolus Lodevicus Palatinus Rheni, Dux*
Bavariæ S. R. Imp. Elector. Ger. van Hondt-
Horst pinx. P. Soutman dirigente C. P. an-
no 1650. 13 p. de h. fur 10 p. 8 l. de l.

45. *Amalia de Solms Fr. Henrici Principis A-*
rausionum Uxor. Ger. van Hondt - Horst
pinx. P. Soutman dirigente C. P. anno 1649.
13 p. 1 l. de h. fur 10 p. 9 l. de l.

46. *Carolus II. Mag. Brit. Fr. & Hibernia
Rex. Ger. van Hondt-Horft pinx. P. Soutman
dirigente C. P. anno 1650.*

47. *Franciscus Valdesius Hispani Dux Exer-
citûs.* Il y a huit vers : *Flectit in illustrem...
Sit amica Venus. Pictura ad vivum expreſſa
extat apud Jo. Moons Advocatum. P. Soutmano dirigente, & ex. Harlemi, 1649.* 12 p.
11 l. de h. ſur 10 p. 9. l. de l.

48. *Janus Douſa Noortwici Toparcha V. G.*
Il y a huit vers : *Non ſolum dulces......
Douſa conciliante, locus. Ex Imagine V.
N. Jani Douſæ ad vivum picta, P. Soutmano
dirigente, & Ex. Harlemi, 1649.* 13 p. de
h. ſur 10 p. 10 l. de l.

49. *Ludovicus Poiſotus Præfectus maris.* Il y a
huit vers : *Peſte laborantes & anhelo.....
Plus nocuiſtis aquæ. Pictura ad vivum expreſſa extat apud Petrum Scriverium Lug-
duni Batavorum. P. Soutmano dirigente, &
Ex. Harlemi , 1649.* 12 p. 11 l. de h. ſur
10 p. 9 l. de l.

50. *Domicella Magdalena Moonſia.* Il y a
huit vers : *Urbs obſeſſa ſemel...tua Chloris
amet. Extat Pictura ad vivum apud eun-
dem Dominum Advocatum fiſci Hagæ-Co-
mitis. P. Soutmano dirigente, & Ex. Harlemi , 1649.* 13 p. de h. ſur 10 p. 10 l. de l.

51.-88. Une ſuite de trente-huit Portraits
qu'on appelle communément *les Comtes de
Flandres.* Il y a un titre à chaque Portrait :
je n'en fais point ici une deſcription ,
vû qu'on ne peut s'y tromper. Il y a
des chiffres à tous au haut de la planche, à la réſerve des deux derniers Portraits. On trouve cette ſuite quelquefois

avec

avec une explication qui forme un volume de 124 pages, en y comprenant la généalogie des derniers Comtes de Hollande, quoiqu'on les appelle les Comtes de Flandres. Il y a cinq femmes dans cette suite. Il y a deux Frontispices historiés, dont le premier marque le titre du livre.

89. Le Portrait d'un Négre qui tient un arc d'une main & une fléche de l'autre. Il a un carquois à son côté. *T. Dus heeft den.... VVilt in 't oogh. Corn. Visscher ad vivum delineavit. J. Visscher sculp. Justus Danckerts Ex.* 10 p. 7 l. de h. sur 10 p. 1 l. de l.

90. Un Portrait d'homme coëffé en cheveux. *Corn. Visscher ad vivum delineavit. Johannes de Visscher sculp. aquâ forte; Jan Kraalinge Ex.* B. T. R. 4 p. 9 l. de h. sur 4 p. 4 l. de l.

91. *M. Jacob Cornelisz Dienaer der Gemeinte en Chirurgyn.* Il y a six vers : *Siet hier het. ... Lichaem te genesen.* Ce Portrait est jusques aux genoux avec deux mains. *C. de Visscher ad vivum delineavit. F. H. Van-den-hoouec sculp.* 11 p. 7 l. de h. sur 10 p. 10 l. de l.

92. Un Portrait *de VVilhelmus*, dans une bordure dans laquelle est écrit : *Stuymige Baren Geruß Inde on.* Au-bas du Portrait il y a cinq lignes d'écriture remplies de ses qualités. *Cornel. Visscher pinx. C. V. Queboozen sculp. Abr. VVaesbergen Ex.* Amsterdam. 7 p. 1 l. de h. sur 6 p. 8 l. de l. D.

93. La Folie. Il y a deux vers : *Combien de Curieux.....passer de miroir. C. de Viss-*

cher delineavit. P. Aveline sculp. A Paris,
chez Huquier, vis-à-vis le grand Châte-
let, avec Privilége du Roi. 12. p. de l.
fur 6 p. 5 l. de h.

94. Une femme debout filant au fuseau : à
côté d'elle est assis un homme qui a la
jambe droite passée sur l'autre. Il est coëffé
d'un bonnet garni de peau ; derriére eux
une vache debout, & une chévre cou-
chée au pied de la femme : à droite de
l'Estampe on voit une autre femme qui
trait une vache. Il y a neuf chévres ou
boucs & moutons répandus dans l'Estampe, & plusieurs troncs d'arbres cou-
pés sur le devant. Cette Estampe numé-
rottée deux, est de la composition de Berghem, & sans adresse ni nom de Peintre, & de Graveur. Quoiqu'on l'attribue
à Corn. Visscher, je n'y vois point sa maniere de graver. Je la crois plûtôt de J.
Visscher. 14 p. 9 l. de l. sur 10 p. 8 l. de h.

Je ne sçais pourquoi on a coupé la planche par trois côtés, sans rien couper des
animaux : on en voit des épreuves dans
la grandeur de 10 p. 7 l. de l. sur 7 p. 7 l.
de h.

Je porte le même jugement pour les
Sujets dont je vais faire la description,
& dont les quatre derniers font une
suite.

95. Un Maréchal qui ferre un cheval. Un
garçon lui tient la jambe ; un autre Cavalier est appuié sur le col de son cheval,
& cause avec le Cavalier dont on ferre la monture, & qui tient un fouet à la
main. On voit un chien qui joue avec un

enfant qui a une corde paſſée entre ſes
jambes, & tient un bàton à la main. Il y
a un autre chien à côté du Maréchal, & un
garçon auprès de la forge. Au haut de
l'Eſtampe à droite, eſt écrit ſur la mu-
raille de la maiſon : P. D. Laer F. Romæ.
Sans titre & ſans nom de Graveur, ni de
Marchand. 10 p. 3 l. de l. ſur 7 p. 3 l. de h.

Voici encore une ſuite de quatre Eſtampes. Je ne comprends point pourquoi
on les attribue à Corn. Viſſcher, contre
toute apparence. La premiere feuille porte le nom de J. Viſſcher ; & toutes ſont
gravées à peu-près dans le même goût. Il
eſt naturel de croire que Corn. Viſſcher y
auroit mis ſon nom, comme il a fait dans
celles qu'il a gravées d'après Berghem.
Je doute que les deux dernieres feuilles
numérotées *trois* & *quatre*, ayent été gravées par J. Viſſcher : ſi elles en ſont, ce
n'eſt que de ſes premiers commencemens;
elles ſont beaucoup inférieures aux deux
premieres.

96. La premiere feuille eſt compoſée d'un
homme vû de profil, & coëffé d'un bonnet
qui lui couvre l'œil. Il eſt aſſis ſur le bord
d'une riviere; derriere lui on voit trois
chévres, un bœuf debout occupe le milieu de l'Eſtampe, & il y en a un autre à
côté accroupi. De l'autre côté de la riviere qui traverſe toute l'Eſtampe, on
voit une montagne ſur le ſommet de laquelle eſt une maiſon. Dans le ciel à droite
eſt écrit : *VV. Romeyn inventor.* De l'autre
côté : *J. Viſſcher fecit.* Au-bas de l'Eſtampe eſt cette adreſſe : *Gedruck t'Amſterdam.*

D ij

*by Frederick de VVidt, voor a en inde cal-
verstaat by den Dam, inde VVitte pas-caart.*

97. Dans la seconde, un bœuf debout occupe le milieu de l'Estampe, & derriere lui
est un autre bœuf accroupi, à côté duquel
il y a cinq chévres : à gauche dans le lointain, on voit une femme à cheval qui conduit un bœuf, & suivie d'un chien.

98. Dans la troisiéme, on voit à gauche
une femme qui coud : à côté d'elle sont
deux bœufs, & derriere un homme appuyé sur un d'eux : il y a six moutons, un
troisiéme bœuf, & un chien qui boit.

99. La quatriéme Estampe, est une femme
assise qui dort la tête appuyée contre un
tronc d'arbre, ayant les mains entre ses
genoux; sur le devant de l'Estampe il y a
trois cochons & deux chévres : derriere
la figure sont six corps d'arbres où deux
planches sont attachées. Ces trois dernieres planches sont sans noms de Peintre ni de Graveur & de Marchand, &
sont à peu-près de la même grandeur de
11 pouces 1 ligne de large, sur 8 pouces
3 lignes de haut.

F I N.

Secret pour blanchir les Eſtampes.

QUELQUE beau que ſoit un ouvrage en lui-même, il n'eſt pas douteux qu'il ne perde beaucoup de ſon prix, ſi les Spectateurs n'en peuvent découvrir toutes les beautés. Souvent les meilleures Eſtampes ſeroient au rebut ou dans l'oubli, ſi quelque Connoiſſeur ne les faiſoit revivre, en leur rendant leur premier éclat. Or voici le véritable moyen de le rétablir, & de redonner aux Eſtampes ce beau net, qui contribue tant à les faire valoir.

Je diſtingue dans les Eſtampes deux ſortes de mal-propretés ; les unes ſont rouſſes, & les autres jaunes. La rouſſeur des Eſtampes provient d'avoir été trop expoſées aux impreſſions de l'air. Les jaunes ſont celles qui ont été imprimées avec de l'huile qui n'étoit pas aſſez brûlée ; car quand les Imprimeurs n'ont pas l'attention de faire ſuffiſamment brûler leur huile, les Eſtampes deviennent jaunes dès les premiers jours, ce qui provient de ce que l'huile n'ayant point aſſez de corps, elle coule à côté de la taille & jaunit le papier.

L'opération que je propoſe ne ſe fait qu'à la chaleur du Soleil : plus il eſt chaud, plus elle eſt promte. Ainſi les mois de Juin, de Juillet & d'Août ſont les plus favorables. En voici tout le procédé.

On prend une table ou des planches, on attache de petits cloux des deux côtés ; on y paſſe des fils en travers, afin d'empê-

cher que le vent n'enléve les Eſtampes ;
on étend enſuite du papier, de crainte que
les pores du bois venant à s'ouvrir, ne
communiquent à l'Eſtampe la rouſſeur de
l'eau qui s'y attacheroit, & qui ſeroit plus
difficile à ôter que les taches d'huile. Il
n'eſt pas néceſſaire qu'il y ait pluſieurs
feuilles de papier les unes ſur les autres ;
il ſuffit que la table ou les planches en ſoient
entiérement couvertes. On y placera les
Eſtampes ſur leſquelles on veut faire l'opération, & on verſera deſſus de l'eau bouillante. Il faut avoir l'attention d'en verſer partout, & comme il y a des endroits
où les Eſtampes ſe recoquillent, & que les
plus élevées ſe ſéchent plus vîte, on aura
une éponge fine, & on ſe ſervira de l'eau
qui eſt dans les creux des Eſtampes, pour
en mouiller les endroits qui ſe ſéchent.
Après avoir verſé trois ou quatre fois de
l'eau bouillante, on s'appercevera que le
roux ou le jaune de l'Eſtampe s'attachera
deſſus. Il ne faut point s'en inquiéter : plus
les Eſtampes blanchiront, plus cette eſpéce
de rouille augmentera. Quand les Eſtampes ſeront blanchies, on les mettra dans
un vaiſſeau quarré de cuivre ou de bois de
la capacité de la plus grande Eſtampe ; on
verſera deſſus de l'eau bouillante, & on
couvrira le vaiſſeau avec du linge, ou quelque étoffe, pour bien conſerver la chaleur.
Au bout de cinq ou ſix heures cette rouille
ſe détache & s'évapore dans l'eau. Il faut
obſerver, avant de verſer cette derniere,
d'étendre ſur les Eſtampes déjà mouillées,
une feuille de fort papier blanc, de crainte

que l'eau bouillante ne les déchire.

Cela fait, on les étendra sur des cordes pour en exprimer l'eau ; & quand elles seront à moitié séches, on les mettra dans des feuilles de papier, ou entre des cartons qu'on chargera de quelque chose de péfant, pour qu'elles ne se recoquillent point.

Il faut que les Estampes soient bien rousses, ou bien jaunes, pour être deux jours à blanchir ; car elles blanchissent ordinairement dans un jour.

La même opération ôte toutes sortes de taches d'huile ; mais il faut y employer plus de tems. J'ai été quelquefois huit jours à en ôter une ; il est vrai qu'elle étoit de l'huile dont les peintres se servent, & qui est la plus difficile à détacher, surtout quand elle est fort invétérée. J'ai alors la précaution de ne point exposer le côté de la gravûre. Je tourne mon Estampe de crainte que l'ardeur du soleil n'en enléve la fleur.

APPROBATION.

J'Ai lû par ordre de Monseigneur le Chancelier, un Manuscrit qui a pour titre : *Catalogue des Oeuvres de Rubens, de Jordaens, & de Corneille VVischer*, dans lequel je n'ai rien trouvé qui pût en empêcher l'impression. A Paris, ce 15. Août 1750.

COYPEL.

LEs Eſtampes gravées d'après les Tableaux, ou les Deſſeins de Rubens, ſont au nombre de huit cens quatre-vingt-quatorze, dont ſept cent compoſitions différentes ; le ſurplus ayant été gravé pluſieurs fois par différents Graveurs qui ne ſe ſont point copiés. Je comprends dans ces Eſtampes ou Compoſitions, les Portraits gravés d'après ce Peintre.

Les Camées, Cornalines & Médailles gravées d'après les Deſſeins de Rubens, ſont au nombre de ſoixante & douze.

La Première Partie du Livre d'Architecture, contient ſoixante-ſept Feuilles, & celle des Palais modernes, ſoixante-douze.

ERRATA.

Plt. Dédicat. pag. 2. *Artiees*, liſez *Artiſtes*.
Page 4. (art. 15.) *Quellinu*, liſez *Quellinus*.
Ibid. (art. 18.) *ſant*, liſez *ſans*.
Pag. 11. (art. 14.) *coplé*, liſez *copiée*.
Pag. 13. (art. 31.) *tabellula*, liſez *labellula*.
Pag. 16. (art. 49.) *Peiro*, liſez *Petro*.
Pag. 37. (art. 29.) *ſuis*, liſez *ſui*.
Pag. 38. (art. 36.) *pedes*, liſez *Pedex*.
Pag. 46. (art. 18.) *& les malades au bas*, liſez, *& les malades ſont au bas*.
Page 48. (art. 34.) *inſerebat*, liſez *inſcribebat*.

Pag. 51. (art. 1.) 'R. mettez R.

Pag. 51. (art. 2.) *Millels*, lifez *Mathens*.

Pag. 53. (art. 19.) *Ballni*, lifez *Ballin*.

Page. 56. (art. 4.) *le mîme vers*, lifez *les mêmes vers*.

Pag. 57. (art. 6.) paroît *copié*, lifez *copîée*.

Pag. 71. (art. 14.) *R. G.* lifez *R. C.*

Pag. 73. (art. 33.) *& des Génies*, lifez *& de Génies*, &c.

Pag 74. (art. 37.) *paroit*, lifez *& Paroit*.
Derriere *elles*, lifez *elle*.

Pag. 75. (art. 41.) *quantus*, lifez *quantus*.

Pag. 83. (art. 29.) *Mantova*, lifez *Mantua*.

Pag. 85. (art. 43.) *Volhgangus*, lifez *Wolfgangus*.

Pag. 90. (art. 5.) *du Livres*, lifez *Livre*.

Pag. 96. (art. 6.) *Breviarum*, lifez *Breviarium*.

Pag. 99. (art. 28.) *poftremam*, lifez *poftremam*.

Pag. 105. (art. 2.) *planchs*, lifez *planches*.

Pag. 116. (art. 31.) *occidi*, lifez *occidit*.

Pag. 121. (art. 46.) *Recenil*, lifez *Recueil*.

Pag. 125. (art. 5.) *Colofo*, lifez *Coloffe*.

Pag. 126. (lig. 8.) *Tête du mort*, lifez *Tête de mort*.

Oeuvre de CORNEILLE WISCHER.

PAGE 32. (art. 6.) *evit ille viros*, lifez *erit*.

PRIVILEGE.

LOUIS, par la grace de Dieu Roi de France
& de Navarre: À nos amés & féaux Conseil-
lers, les Gens tenans nos Cours de Parlement,
Maîtres des Requêtes ordinaires de notre Hôtel,
Grand-Conseil, Prevôt de Paris, Baillis, Séné-
chaux, leurs Lieutenans Civils, & autres nos
Justiciers qu'il appartiendra, SALUT. Notre
amé PIERRE NICOLAS DE LORMEL, Libraire à
Paris, Nous a fait exposer qu'il désireroit faire
imprimer & donner au Public. un Ouvrage qui
a pour titre : *Catalogue Raisonné des Oeuvres de
Rubens, de Jordaens, & de Corneille Wisscher.*
S'il Nous plaisoit lui accorder nos Lettres de Permission pour ce nécessaires. A CES CAUSES, voulant favorablement traiter l'Exposant, Nous lui
avons permis & permettons par ces Présentes,
de faire imprimer ledit Ouvrage, en un ou plusieurs Volumes, & autant de fois que bon lui
semblera, & de le vendre, faire vendre & débi-
ter par tout notre Royaume pendant le tems de
trois années consécutives, à compter du jour de
la datte des Présentes. Faisons défenses à tous
Libraires, Imprimeurs, & autres personnes de
quelque qualité & condition qu'elles soient, d'en
introduire d'impression étrangere dans aucun lieu
de notre obéissance. A la charge que ces Présentes
seront enregistrées tout au long sur le Registre de
la Communauté des Libraires & Imprimeurs de
Paris, dans trois mois de la date d'icelles ; que
l'impression dudit Ouvrage sera faite dans
notre Royaume, & non ailleurs, en bon papier
& en beaux caracteres, conformément à la
feuille imprimée & attachée pour modéle sous
le contrescel des présentes, que l'Impétrant se

conformera en tout aux Réglemens de la Librairie, & notamment à celui du 10 Avril 1725, qu'avant de l'exposer en vente, le Manuscrit qui aura servi de copie à l'impression dudit Ouvrage, sera remis dans le même état où l'Approbation y aura été donnée ès mains de notre très-cher & féal Chevalier Chancelier de France, le sieur de Lamoignon ; & qu'il en sera ensuite remis deux Exemplaires dans notre Bibliothéque publique, un dans celle de notre Château du Louvre, un dans celle de notre très-cher & féal Chevalier, Chancelier de France, le sieur de Lamoignon, & un dans celle de notre très-cher & féal Chevalier Garde des Sceaux de France, le sieur de Machault, Commandeur de nos ordres ; le tout à peine de nullité des Présentes. Du contenu desquelles vous mandons & enjoignons de faire jouir ledit Exposant, ou ses ayans cause pleinement & paisiblement, sans souffrir qu'il leur soit fait aucun trouble ou empêchement. Voulons qu'à la copie des Présentes qui sera imprimée tout au long au commencement ou à la fin dudit Ouvrage, foi soit ajoutée comme à l'original. Commandons au Premier notre Huissier ou Sergent sur ce requis, de faire pour l'exécution d'icelles tous Actes requis & nécessaires, sans demander autre permission, & nonobstant clameur de Haro, Chartre Normande, & Lettres à ce contraires. CAR tel est notre plaisir. DONNE' à Arnouville, le vingt-cinquiéme jour du mois de Juin, l'an de grace 1751, & de notre Regne le trente-sixiéme. Par le Roi en son Conseil, SAINSON.

Régistré sur le Régistre XII. de la Chambre Royale des Imprimeurs & Libraires de Paris, N°. 600. fol. 468. conformément aux anciens Réglemens, confirmés par celui du 28 Février 1723. A Paris le 8 Juillet 1751. LE GRAS, *Syndic.*

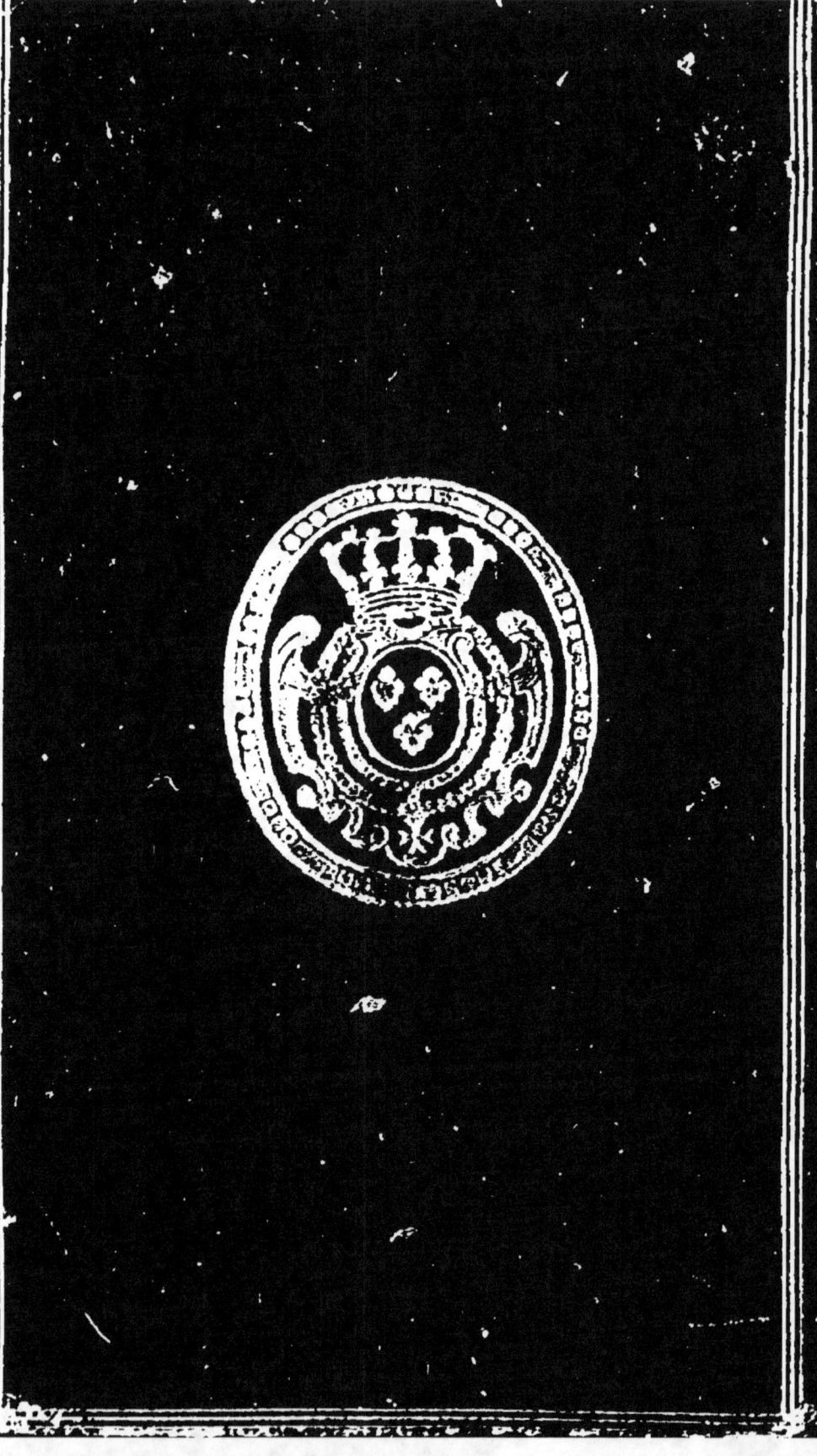

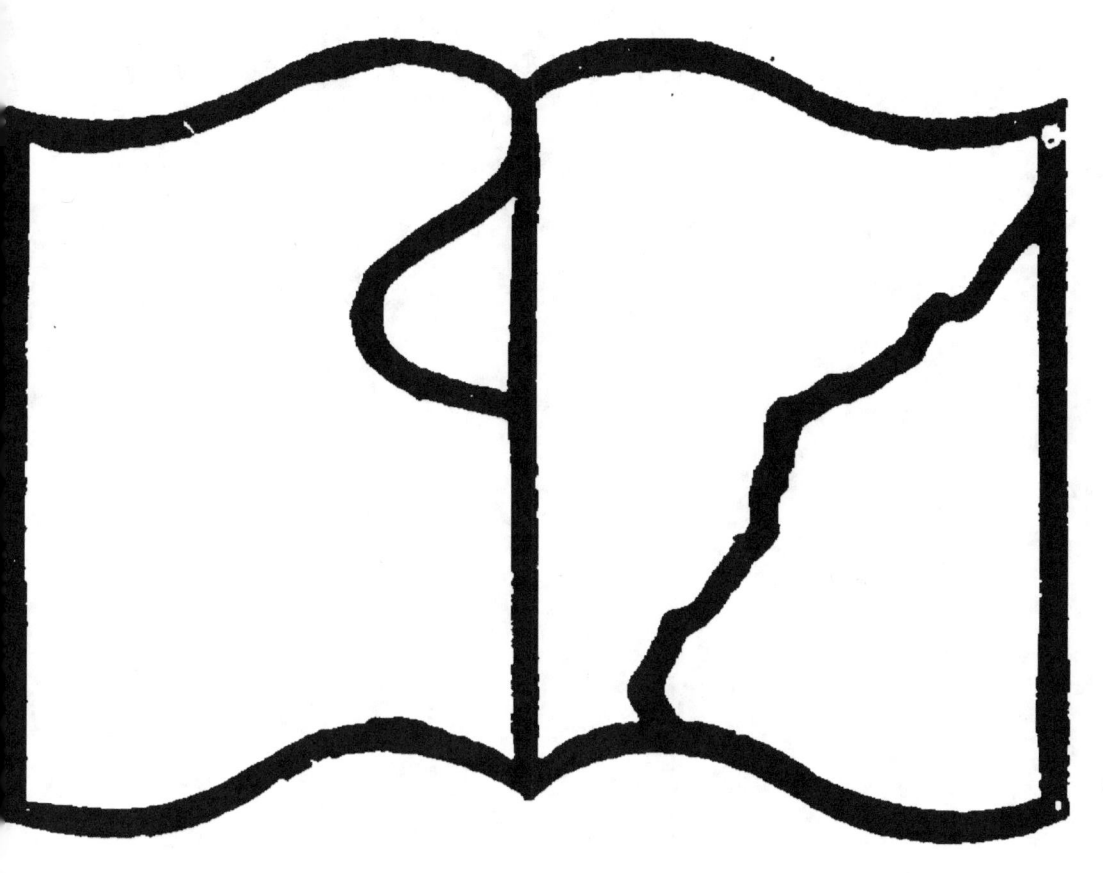